짧은 이야기 속 위대한 메시지

우화경영

짧은 이야기 속 위대한 메시지

우화경영

장박원 지음

매일경제신문사

우화의 힘

어느 회사의 한 직원이 부당한 대우를 받고 있다고 생각하고 사장에게 말했다.

"저는 열심히 일했는데 회사에서는 별로 인정을 받지 못하고 있는 것 같습니다. 그만 회사를 떠나려고 하니 퇴직금이나 주시죠."

이에 사장이 화를 내며 대답했다.

"그것은 당신 생각이오. 그렇지 않아도 당신을 해고하려고 했소. 그동안 별로 한 것도 없으니 퇴직금은 줄 수 없소."

화가 난 직원은 회사 금고에서 돈과 중요한 서류를 챙겨 다른 나라로 도망갔다. 많은 사람들로부터 존경받는 한 랍비가 사장의 부탁을 받고 그 직원을 찾아 나섰다. 랍비는 수소문 끝에 직원을 만날 수 있었다. 그는 회사에서 훔친 돈과 서류를 내놓을 것을 설득했지만 직원은 이렇게 말하며 거절했다.

"그것은 당신이 상관할 바가 아니오. 내가 어떻게 행동하든 그 것은 내 자유란 말이오."

그러자 랍비는 남을 배려하지 않고 멋대로 행동하는 것은 자유가 아니라며 다음과 같은 이야기를 들려줬다.

"항해하는 배에 많은 사람들이 타고 있었습니다. 한 남자가 자기가 앉아 있는 배 밑 바닥에 구멍을 뚫기 시작했습니다. 주위에 있던 사람들이 놀라 무슨 짓을 하고 있냐고 물었습니다. 그 남자는 아무렇지도 않게 말했습니다. 여기는 내 자리이고 내가 무엇을 하든 내 자유라고. 사람들은 어이가 없었습니다. 그럼에도 불구하고 남자는 구멍 뚫는 일을 멈추지 않았죠. 결국 배는 어떻게 되었을까요? 침몰하고 말았습니다."

이야기를 들은 직원은 고개를 끄덕이며 말했다.

"알겠습니다. 당신이 하라는 대로 하겠습니다."

그는 돈과 서류를 회사에 돌려줬고 사장과 잘 협의해 일을 마무리했다.

다음은 중국 춘추전국시대 때 있었던 일이다. 남쪽의 강대국 초나라의 왕은 주변 약소국인 진나라 왕이 신하에게 살해당했다는 소식을 듣고 그곳으로 쳐들어갔다. 하극상의 무질서를 바로 잡겠다는 것을 명분으로 내걸었다. 진나라는 곧 평정됐다. 왕을 죽인 역신도 처형당했다. 초나라 왕은 새로 진나라 왕을 정해주고 우호를 맺은 뒤 다시 본국으로 돌아가야 했다.

이때 초나라 왕은 욕심이 생겼다. 이참에 아예 진나라를 초나라와 병합해 버렸다. 대부분의 초나라 신하들은 왕의 이런 결정에 박수를 보냈다. 그러나 다른 나라에 외교 사절로 갔다가 막 귀국한 한 신하가 반기를 들었다. 큰 나라로서 초나라가 신뢰를 잃어서는 안 된다는 논리였다. 초나라 왕은 뜨끔했지만 당장 영토가 넓어진다는 욕심에 사로잡혀 그의 말을 들으려고 하지 않았다. 이에 그 신하는 농부의 소를 빼앗은 밭주인 얘기를 해 주었다.

"어느 마을에 농부가 있었습니다. 그런데 그의 소가 그만 다른 집 밭에 들어가 농작물을 먹었지요. 그것을 본 밭주인은 머리끝까지 화가 나서 소 주인에게 욕을 했습니다. 그러고는 소를 빼앗아 자기 외양간에 묶어 두었지요. 이에 대해 임금께서는 어떻게 생각하시나요?"

"소를 잘 관리하지 못해 남의 밭에 들어가게 한 농부가 잘못한 것은 맞지만, 그렇다고 소를 빼앗는 것은 너무 지나친 것 아니냐?"

"잘 보셨습니다. 그런데 어찌하여 왕께서는 밭주인과 똑같은 행동을 하십니까? 진나라 왕을 죽인 자를 처단했으면 그것으로 끝내야지 왜 남의 땅까지 욕심을 부리시는 것입니까?"

이 말을 들은 초나라 왕은 자신의 잘못을 인정하고 진나라를 다시 회복시켜 주었다.

첫 번째 소개된 이야기는 《탈무드》에 '배려와 자유'라는 제목으로 실린 우화고, 두 번째는 사마천의 《사기》 중 '초세가'에 나오는 일화다. 두 이야기는 출처나 내용이 전혀 다르지만 공통점이 하나 있다. 바로 우화의 힘을 보여준다는 것이다.

회사 직원이나 초나라 왕은 모두 우화를 듣고 마음을 바꿨다. 만약 랍비와 신하가 직설적으로 충고했다면 그럴 수 있었을까? 그러지 못했을 가능성이 더 높다. 그렇다면 이런 우화의 힘은 어디서 나오는 것일까?

우선 우화는 직설적 표현과 달리 비유와 상징을 활용하기 때문에 듣는 사람에게 호기심과 심미적 쾌감을 주는 장점이 있다. 이야기가 진행되는 동안 청중이나 독자는 다음에 일어날 일에 대해 궁금증을 갖고 몰입한다. 이어지는 극적 결말에 감동이나 즐거움을 느낌과 동시에 교훈도 얻는다. 이런 방법으로 거부감이 생길 수 있는 내용조차 우화로 전하면 상대방을 쉽게 납득시킬 수 있다.

우화는 또 사물과 사건을 단순화해 핵심과 본질에 쉽게 접근하게 한다. 상대를 설득하기 위해 장황하게 말을 늘어놓지 않아도, 굳이 철학적 담론을 끌어다 쓸 필요도 없이 사안의 핵심을 깨닫게 해준다는 얘기다. 적절한 비유로 흥미를 유발시키며 이야기를 전개하다 보면 상대는 저절로 고개를 끄덕인다. 덕분에 우리는 우화를 읽으며 어려운 개념이나 복잡한 문제도 명쾌하게 이해할 수 있게 된다.

하나의 우화로 적용할 수 있는 범위가 넓다는 점도 매력이다. 우화는 사람들의 윤리 의식을 높이는 것은 기본이고 세상을 다른 시각으로 볼 수 있게 한다. 매일 권력 다툼이 일어나는 정치 분야는 물론 직장인들의 처세에도 도움을 줄 것으로 믿는다. 이 책에서는 다양한 우화를 기업 경영에 초점을 맞춰 재해석했다.

그러나 무엇보다도 편 당 분량이 짧아 바쁜 현대인들도 자투리 시간을 이용해 틈틈이 읽을 수 있다는 게 우화의 최대 장점이다. 짧은 독서 시간으로 긴 사색을 할 수 있게 하는 장르가 우화다. 함축적 내용을 나름대로 풀어가면서 일상생활 이곳저곳에서 일어날 수 있는 사건에 적용하다 보면 나도 모르는 사이에 삶의 지혜가 쌓인다.

이 책에 등장하는 우화와 기업들의 사례를 읽으면서 많은 직장인들과 최고경영자, 더 나아가 사회생활을 앞둔 학생들이 많은 지혜를 얻을 수 있다면 저자로서 더 바랄 나위가 없다.

장박원

Contents

Part 2 위기를 기회로 돌리는 힘

Part 3 경영의 중심엔 인간이 있다

Part 4 비즈니스는 생물이다

Part 1

전략적 경영의
길

01 돌다리 두드리면 세월 다 간다

마이크로소프트(MS)에 인수된 노키아의 몰락은 '성공의 함정'에 빠진 기업의 전형을 보여준다. 스마트폰이 모바일 기기의 대세로 자리 잡기 전만 해도 노키아는 전 세계 휴대폰 시장의 절대 강자였다. 한창일 때 시장점유율은 삼성과 LG전자를 합한 것보다 훨씬 높았다.

하지만 애플의 아이폰 등장 이후 나타난 변화에 빨리 대응하지 못했다. 스마트폰으로 주력 제품을 빨리 바꿔야 하는데도 '더 완벽한 준비를 해야 한다'며 시장 변화에 대한 대응을 차일피일 미루다 침몰하고 말았다. 삼성전자가 나름 성공 가도를 달리고 있던 애니콜 브랜드를 버리고 재빠르게 스마트폰인 갤럭시로 갈아

탄 것과 대조된다. 변화를 꺼렸던 노키아 경영진의 모습은 중국 우화 작가인 뤼더화가 쓴 '달팽이의 이사'에 나오는 달팽이와 닮았다.

호숫가 돌 틈에 살았던 달팽이는 꽃도 풀도 없는 자신의 거처가 영 불만이었다. 너무 허술해 바람과 햇볕을 피할 수 없어 무척 괴로웠다. 어느 날 우연히 달팽이는 호숫가를 지나는 거미를 만난다. 그는 거미에게 "이 세상은 너무 황폐해 살 수가 없다"고 하소연했다. 그러자 거미는 의아한 표정으로 이렇게 대답한다.

"무슨 소리? 저기 언덕만 넘어가면 꽃과 풀이 우거져 바람과 햇볕을 피할 곳이 많은데. 조금만 움직여 그곳으로 넘어가면 될 텐데 괴롭게 살 이유가 있을까?"

이때 그곳을 지나던 잠자리도 한마디 거들었다.

"맞아. 저 언덕 너머에서 꿀벌들은 꿀을 모으고 지렁이는 땅을 일구며 살고 있어. 나비들은 꽃가루를 나르며 행복한 생활을 하고 있지."

거미와 잠자리의 말을 듣고 달팽이는 집을 옮기기로 결정했다. 좋은 날을 골라 언덕을 넘기로 한 것이다. 하지만 막상 이사를 하려니 귀찮기도 하고 용기도 나지 않았다. 이사를 하다 다치거나 위험한 상황에 처하기라도 하면 어쩌나 걱정이 되기도

했다. 그래서 날씨 좋은 날을 기다리기로 했다. 그때 꿀벌이 달팽이의 이사를 돕기 위해 찾아왔다. 꿀벌이 함께 언덕 쪽으로 가자고 하자 달팽이는 말했다.

"안 되겠어. 오늘은 너무 햇볕이 강해. 가다가 말라 죽을 수도 있으니 다음에 가자."

이틀이 지나 이번에는 나비가 찾아왔다. 그러나 달팽이는 또 이사를 미뤘다.

"바람이 너무 세게 불어서 못 가겠어."

또 이틀이 지나 잠자리가 찾아와 이제 언덕을 넘자고 재촉했다. 마침 보슬비가 내리고 있었다. 이에 달팽이는 "비가 멈추면 가도록 하자"며 움직이지 않았다. 그 후 누구도 달팽이의 이사를 도우러 찾아오지 않았다. 달팽이는 혼자 이사할 엄두가 나지 않았다. 그리고 이렇게 중얼거렸다.

"나는 몸이 약해서 탈이야. 그렇지 않았다면 저기 언덕을 넘어 살기 좋은 곳으로 이사해 행복하게 살았을 텐데."

경기도 안산공단에 위치한 대성전기는 자동차 안에 들어가는 각종 스위치를 만드는 중견기업이다. 2008년 금융위기 이전에 이 회사는 '이사해야 한다고 말만 하고 행동에 옮기지 않는 달팽이' 같은 회사였다. 현대차와 기아차의 협력업체라 겨우 적자를 면하고 있었지만 경영진의 안이한 태도 때문에 발전 가능성이 거의 없었다.

그 결과 수년째 매출이 연 3,000억 원대에 머물렀고 영업이익도 50억~60억 원대에 불과했다. 영업이익률이 2%에도 미치지 못했다. 그러다 보니 연구개발(R&D)은커녕 품질 개선도 쉽지 않았다. 수시로 제품을 공급하지 못 하는 상황이 벌어졌고 이직률도 20%를 넘나들었다.

100개 업체에서 원자재를 구매해 800만 개 제품을 생산하면서도 재고관리와 물류시스템은 주먹구구식이었다. 금융위기로 자금 압박이 심해지자 창업자였던 최고경영자는 결국 회사를 포기하고 모든 지분을 LS그룹에 넘겼다. 대성전기의 실패 역시 노키아의 몰락과 크게 다르지 않다. 과거의 성공이 발목을 잡았던 것이다.

국내외에서 인쇄전자 기술을 주도하고 있는 잉크테크 정관춘 사장은 "오늘의 첨단기술이 내일의 첨단기술일 수는 없다"고 말한다. 하루가 다르게 급변하는 시대에 '퍼스트 펭귄'이 되려면 돌다리를 두드리며 가는 신중함보다, 다리 건너에서 일어나는 상황을 먼저 보고 재빨리 움직이는 과단성과 실행력이 더 필요하지 않을까.

02 역발상 경영이 필요한 이유

"무릇 싸움은 정공으로 맞서지만 기공으로 이긴다(凡戰者 以正合 以奇勝)."

《손자병법》'병세(兵勢)편'에 나오는 구절이다. 정공은 이성적 판단에 따라 우세하면 공격하고 열세에서는 방어하는 '상식의 영역'인 반면, 기공은 적은 병력으로 전력이 강한 적의 허를 찔러 승리를 확정짓는 '의외의 한방'에 해당한다. 그래서 손자는 "기공에 능한 자는 천지와 같이 끝이 없으며 강물처럼 마르지 않는다(故善出奇者 無窮如天地 不竭如江河)"고 강조했다.

기공이 통하는 것은 세상이 곧이곧대로 돌아가지 않기 때문이다. 살다 보면 때론 상식에서 벗어난 결정을 내리거나 행동을 해야

할 상황에 직면한다. 바로 이럴 때 적절한 '기공'을 쓰느냐 그렇지
못하느냐에 따라 승리와 패배, 성공과 실패, 삶과 죽음의 길이 갈
린다. 기업 경영도 마찬가지다. 역발상이 필요한 시점에서 정공만
을 고집하다가는 자신도 모르는 사이에 몰락의 길로 빠지는 수가
있다.

이솝우화에는 역발상의 중요성을 일깨워주는 이야기가 많다.
누구나 다 알고 있는 '토끼와 거북이'가 대표적이다. 하지만 아주
냉혹하게 일반적인 상식을 비꼬는 우화들도 있다. 예를 들어 '비둘
기와 까마귀'가 여기에 해당된다.

어느 날 새장에 갇힌 비둘기가 밖에 있는 까마귀를 보고 이렇
게 자랑했다.

"나는 (다른 새들에 비해) 알을 많이 낳는다네."

이에 까마귀는 대답한다.

"여보게 비둘기, 자랑 좀 그만 하게. 자식을 많이 낳아 봐야
새장에 갇힌 노예일 뿐일세. 자식이 많아질수록 한탄만 늘어날
것이네."

다른 이솝우화인 '원숭이 새끼'에서는 더 극적으로 역설적인 상
황을 그린다.

원숭이는 두 마리 새끼를 낳았다. 그 중 한 마리는 품속에 넣고 애지중지 키웠다. 이에 반해 다른 새끼는 미워하며 전혀 돌봐주지 않았다. 그러나 사랑하고 아낀 새끼는 어미 품속에서 그 애정 때문에 질식해 죽고, 돌보지 않은 새끼는 자생력을 가지고 건강하게 잘 자랐다.

'야생 거위와 학'이라는 우화도 있다.

평소 잘 먹어 건강했던 거위는 몸무게가 무거워 사냥꾼이 왔을 때 곧바로 잡혀 죽었지만, 잘 먹지 못해 곧 죽을 것 같았던 학은 몸이 가벼운 덕에 재빨리 날아올라 목숨을 건졌다.

이런 짧막한 우화들을 통해 이솝이 전하려는 메시지는 명확하다. 가진 자 또는 우위를 점한 자가 항상 승리하는 것은 아니라는 사실이다. 스스로 힘이 있고 유리하다고 생각할 때 엄습해 오는 위험을 오직 자신만 몰라 '바보'가 될 수도 있다는 얘기다. 반대로 지금은 별 볼일 없지만 상황이 급변해 '백조'가 될 수도 있으니 쉽게 희망을 버리지 말라는 메시지도 숨어 있다.

1990년대 중반 애니콜 브랜드가 뜨기 전에 삼성전자 무선사업부는 '미운 오리 새끼'였다. 언젠가는 휴대폰 시대가 올 것이기 때문에 투자를 줄일 수 없는 상황에서 이렇다 할 히트상품을 내놓지 못했기 때문이다. 이대로 가다가는 만년 후발 주자로 머물 위기에 놓였다.

이 상황에서 삼성전자는 1994년에 '한국 지형에 강하다'는 광고 문구를 내세우며, 모토로라를 비롯한 선두업체 추격에 나섰다. 그러나 '삼성전자 휴대폰은 품질이 떨어진다'는 기존 인식을 탈피하기 힘들었다. 정공법으로는 모토로라라는 큰 벽을 넘을 수 없었던 것이다.

이때 이건희 회장은 품질을 비약적으로 높이는 조치를 취한다. 품질이 나쁜 휴대폰은 팔지 않겠다며 시중에 판매하던 제품을 수거해 소각해 버렸던 것이다. 시가로 수백억 원 어치에 해당하는 물량이었다. 결과적으로 이는 삼성전자가 모토로라를 비롯한 선두 휴대폰 업체에 대해 '기공'을 감행한 셈이 됐다. 이 이벤트는 큰 성공을 거뒀다.

삼성전자의 결연한 모습을 보며 애니콜에 대한 소비자들의 인식이 바뀌었고, 휴대폰을 개발하고 마케팅을 담당했던 연구원과 직원들 역시 경각심을 갖게 됐다. 시간이 지나면서 삼성전자 휴대폰은 품질이 비약적으로 좋아지며 글로벌 1등 제품으로 거듭나게 되었다.

불리한 상황에 처해 있거나 위기가 감지됐을 때 기공 전략 또는 역발상 경영은 확실히 큰 효과를 본다. 인생을 살면서 또는 기업을 경영하면서 평소엔 정공법으로 현실에 맞서야 하지만, 결정적인 순간에는 기공으로 대응할 필요가 있다. 그렇게 할 수만 있다면 삼성전자의 휴대폰 사업처럼 짜릿한 성공의 맛을 볼 수 있을 것이다.

03 윤리경영은 남는 장사

2010년 말 LIG건설은 법정관리로 갈 가능성이 높은 상태에서 기업어음(CP)을 발행했다. LIG그룹이 뒤에 버티고 있다는 사실을 강조해 수천억 원의 투자를 이끌었다. 이때 CP를 산 사람들은 LIG가 잘 알려진 그룹이라 계열사인 LIG건설이 부도날 확률은 거의 없는 줄 알았다. 그것이 패착이었다.

이듬해 LIG건설은 법정관리에 들어갔고 투자자들은 막대한 피해를 봤다. 하지만 결과적으로 타격을 입은 사람은 투자자뿐만이 아니었다. 그룹 설립자인 구자원 회장 부자는 사기성 CP를 발행한 대가로 사법처리됐다. 또 CP 투자자 피해 보상을 위해 주력 회사인 LIG손해보험 주식 전량을 매각하기로 했다.

이에 따라 LIG그룹은 해체될 운명에 놓였고 구 회장이 희망했던 금융그룹의 꿈도 무산됐다. 결국 윤리경영을 저버린 것이 부메랑이 돼 한 평생 정성을 들였던 사업을 접어야 하는 '웅덩이'에 빠진 셈이다. 그 만큼 기업 경영에서 윤리가 중요한 요소가 됐음을 말해주는 사건이기도 하다. 구 회장은 옥중 서신에서 "(인생의 강물에서) 갑자기 큰 웅덩이를 만나 채우고 가야 하기에 어쩔 수 없었다"며 만시지탄(晩時之歎)에 빠지기도 했다.

이솝우화에는 윤리경영 실패로 낭패를 볼 수 있다는 교훈을 전하는 이야기들이 많다. '암사슴과 덩굴' 그리고 '늙은 여인과 의사'가 여기에 해당된다. '암사슴과 덩굴'부터 이야기해보자.

어느 날 암사슴은 사냥꾼에게 쫓겨 덩굴에 몸을 숨겼다. 사냥꾼이 지나가자 갑자기 허기가 느껴져 덩굴 잎을 뜯어 먹었다. 자신을 숨겨 주었던 보호막을 스스로 없앴던 것이다. 덩굴 옆을 지난 직후 뒤에서 부스럭거리는 소리를 들은 사냥꾼은 덩굴을 향해 총을 쐈다. 사슴은 총알을 맞아 죽으면서 후회했지만 잘못을 돌이킬 수 없었다.

자신의 보호막이 될 수도 있었던 CP 투자자들을 속였던 LIG는 암사슴을 떠오르게 한다. 두 번째 우화인 '늙은 여인과 의사'에 나오는 의사는 더 악독한 행위를 저질러 몰락하는 사례에 속한다.

두 눈이 잘 보이지 않는 노파가 의사를 불렀다. 의사는 치료를 이유로 노파의 눈을 감게 한 뒤 집에 있는 가구를 하나씩 훔쳐갔다. 의사가 모든 가구를 거의 다 자신의 집으로 옮긴 다음 노파에게 진료비를 청구했다. 하지만 노파는 의료비 지불을 거부했다. 이에 의사는 노파를 판사 앞으로 끌고 갔다.

의사는 눈이 회복되면 진료비를 지불하겠다고 약속했는데 이를 이행하지 않았다고 진술했다. 이에 대해 노파는 눈이 전혀 좋아지지 않았다고 반박했다. 어떻게 그것을 증명할 수 있느냐는 판사와 의사의 질문에 노파는 이렇게 대답했다.

"전에는 집에 있는 가구들을 모두 볼 수 있었는데, 지금은 그것들을 하나도 볼 수가 없으니까 말입니다."

이야기는 여기서 끝나지만 그 후 어떤 일이 벌어졌을지는 충분히 짐작할 수 있다. 과연 의사는 진료비를 받기 위해 다른 변론을 할 수 있었을까. 입이 열 개라도 할 말이 없었을 것이다.

두 우화는 정직하지 못하거나 은혜를 모르는 인간은 반드시 처벌을 받는다는 메시지를 전한다. 인간 세상에서 '권선징악'이 꼭 실현되는 것은 아니지만, 대체로 악한 행동을 하면 끝이 좋지 않을 가능성이 높다.

기업의 목적은 돈을 버는 일이다. 과거 절대 가난이 대다수의 삶을 지배했던 시기에는 무조건 돈을 많이 버는 기업이 최고 찬사를 받았다. 그러나 중진국 문턱을 넘어 선진국을 향해 가고 있고, 생활수준도 높아진 지금 사회에서는 파렴치한 방법으로 수익을 올리는 행위가 용납되지 않는다.

LIG그룹뿐만 아니라 삼성과 현대차, SK, 한화, 동양 등 수많은 기업들이 성장 위주의 경영을 펼치다 비슷한 시기에 그룹 총수들이 곤혹을 겪은 것은 우연의 일치가 아니다. 사회 분위기가 윤리경영을 강력하게 요구했기 때문이다.

기업의 잘못된 선택으로 총수가 장기간 옥에 갇히고 그룹 자체가 해체됐다는 사실은, 기업의 선택 사항이 아닌 필수 요소로서 윤리경영이 필요함을 말해준다. 윤리경영이 곧 수익경영 또는 지속가능경영이 된 세상에서 기업은 돈 버는 방법에 대해 근본적으로 다시 생각해봐야 한다.

04 타이밍을 놓치면 망한다

2012년 2월 저가항공사인 티웨이항공이 인수합병(M&A)시장의 매물로 나왔다. 자본잠식에 300억 원의 부채가 있었지만 성장 잠재력이 크다는 이유로 애경그룹 계열인 제주항공을 포함해 여러 곳에서 관심을 보였다.

하지만 문제는 가격이었다. 당시 티웨이항공은 대주주였던 토마토저축은행의 파산으로 지분(73.15%)에 대한 권리가 예금보험공사로 넘어간 상태였다. 파는 쪽에서 희망한 가격은 부채를 모두 탕감할 수 있는 300억 원 수준이었다. 반면 매수자들은 이 가격이 터무니없다는 반응을 보였다.

당시 인수 의지가 가장 강했던 제주항공은 50억 원 정도면 적당하다고 판단했다. 티웨이항공을 인수하면 저가항공사 간 경쟁이 줄고 합병 시너지 효과를 볼 수 있지만, 그렇다고 300억 원을 부담할 가치는 없다고 판단했다. 매각과 매수 양쪽 입장 차이가 좁혀지지 않아 매각은 거듭 유찰됐다.

그 사이에 제대로 경영을 펼치지 못했던 티웨이항공은 부채가 더 늘었다. 매각 희망가도 속절없이 떨어졌다. 1년 가까이 끌어온 매각 작업은 결국 대형 출판사인 예림당에 팔리는 것으로 막을 내렸다. 그러나 가격을 비롯한 매각 조건은 제주항공이 제시했던 것보다 좋아진 게 별로 없었다.

이 건은 신속하게 결정하지 못하고 시간을 끄는 바람에 기회를 놓친 대표적 사례에 속한다. 매각 지연 원인은 강력한 권한과 책임이 있는 매각 주체가 없었기 때문이다.

이처럼 기업을 경영할 때 적절한 시기를 놓치면 최악의 결과를 낳기 십상이다. 회사의 중심을 잡아줄 최고경영자가 장기간 자리에 없으면 이런 일이 생길 확률이 높다. 아무리 관심이 높아도 최고경영자와 같이 경영을 책임진 위치가 아니면 사업의 본질을 이해하지 못하는 일이 발생한다.

프랑스 우화 작가 라퐁텐이 쓴 '두 의사'는 죽음 앞두고 유언할 기회를 놓친 어느 환자에 대한 '블랙코미디' 같은 이야기를 전한다. 환자를 고쳐야 하는 두 의사의 의견이 엇갈리면서 벌어지는 일이다. 이 우화에서 우리는 '본질과 관계없는 외적 요인이 기업을 망칠 수 있다'는 교훈을 얻을 수 있다.

병을 오랜 기간 앓았던 한 가장이 죽음이 임박했음을 감지했다. 그는 죽기 직전 가족 한 사람 한 사람에게 작별 인사를 하려고 했다. 그는 항상 죽을 때 깨끗해야 한다고 생각했다. 발버둥치지 말고 가족에게 적합한 말을 전하며 우아하고 조용하게 세상을 떠나겠다고 작정했다. 그가 오랜 기간 병상에 누워 생각해 낸 아름다운 임종이었다.

드디어 죽음이 바로 앞에 와 있다는 것을 느낀 그는 가족을 불렀다. 남편의 가느다란 목소리를 듣고 가장 가까이 있던 부인이 당황하며 달려오자 그는 가족을 모두 불러 달라고 말하고는 조용히 눈을 감았다. 놀란 부인은 소리를 질렀다. 그러자 자식과 손자들이 침대 곁으로 모였다. 모두 모인 것을 본 가장은 희미하게 눈을 뜨고 그동안 생각하고 있던 마지막 말을 시작하려고 했다. 그때 부친이 위독해진 것으로 판단한 아들 하나가 크게 소리쳤다.

"어머니, 의사를 불러주세요!"

다른 아들은 삼촌과 고모도 부른다며 방을 나갔다. 가장은 가족 모두에게 인사를 한 뒤 한 사람 한 사람에게 생각해 뒀던 말을 할 작정이었지만 계획이 어긋나고 말았다. 그는 '이왕 이렇게 됐으니 조금 기다려보자'고 생각하며 힘을 아끼기 위해 다시 눈을 감았다. 이것을 본 부인은 더 놀라 소리쳤다.

"빨리 의사를 불러요."

이번에는 딸이 달려 나갔다. 이윽고 아들이 의사와 같이 들어왔다. 딸도 다른 의사를 데리고 왔다. 이렇게 되면 최후의 무대가 엉망이 되어버린다고 그는 생각했지만 입이 떨어지지 않았다. 친척들까지 모두 모여 두 의사와 귀엣말을 나누었다. 한 의사가 말했다.

"이제 얼마 남지 않았습니다. 장례식 준비를 하는 것이 좋겠습니다."

그러자 다른 의사가 말했다.

"문제없습니다. 고칠 수 있습니다."

두 의사는 점점 큰 소리로 언쟁을 했다. 가장은 자신의 생사는 자기가 결정한다고 말하고 싶었지만 기운이 없어 목소리가 나오지 않았다. 두 의사가 자기 의견을 가족들에게 설명하는 동안 가장은 결국 아무 말도 못한채 죽음의 문턱을 넘고 있었다.

기업을 가장 잘 아는 사람은 기업인이다. 채권자도 투자자도 아니다. 그 기업을 사려고 하는 곳도 그 기업의 주인이나 오랜 기간 경영했던 사람보다 더 많이 알 수가 없다. 그렇기 때문에 기업은 최고경영자가 공석으로 있을 때가 가장 위험하다. 이런 저런 이유로 기업 총수가 자리를 지키지 못하게 된 기업들이 적지 않다. 이들 기업 주변에 '두 의사'가 나타나 회사의 앞날에 대해 왈가왈부한다면 더 큰 비극이 일어날 수도 있다.

05 낯선 곳에서 싸우면 진다

중소기업 W사는 몇 년 전 두 가지 신사업을 시작했다. 하나는 화장실 핸드 드라이어에 광고판을 설치하는 것이고, 다른 하나는 고급 스마트폰 케이스를 만들어 국내외에 판매하는 사업이다. W사의 주요 사업은 KT 같은 대기업에서 주문을 받아 통신설비를 구축해 주는 일이다. 꾸준한 수요가 있어 회사를 유지하는 데는 어려움이 없었다. 그럼에도 불구하고 새로운 사업을 찾아 나선 이유는 통신설비 용역만으로는 성장하기 힘들다고 봤기 때문이다.

광고판 설치 사업은 그런대로 진행되었지만 스마트폰 케이스 사업은 지지부진했다. 저가 제품이 넘쳐나고 삼성과 LG 등 제조

업체가 자체 케이스를 내놓고 있어 좀처럼 활로를 찾지 못했다.

W사가 추진한 사업다각화의 결과가 이처럼 엇갈리는 이유가 무엇일까? 기존 사업과의 연관성에서 답을 찾을 수 있다. 광고판 사업은 주로 공공기관이나 기업을 대상으로 한다. 본래 하고 있던 통신설비 용역 사업의 고객들과 크게 다르지 않다. 처음부터 어렵지 않게 정착할 수 있게 된 배경이다.

이에 반해 스마트폰 케이스는 W사에게는 완전히 다른 영역이었다. 공장을 짓고 인력도 뽑아야 했다. 적지 않은 투자비와 시행착오도 불가피했다. 최악의 경우 실패할 수도 있다. W사에게는 낯선 사업이기 때문이다.

W사의 사례는 이솝우화인 '게와 여우', '갈매기와 솔개' 같은 이야기를 떠오르게 만든다. 생소한 것에 도전할 때 한 번쯤 되새겨볼 만한 교훈을 준다. 다른 이솝우화와 마찬가지로 짧지만 긴 여운을 남긴다. 먼저 '게와 여우' 이야기다.

게 한 마리가 바다에서 기어나와 해변으로 올라왔다. 바다 속 생활이 지겨워 해변으로 나온 것이다. 게는 해변에서 햇볕을 받으며 유유자적 고독을 즐겼다. 바로 그때 굶주린 여우가 게를 발견했다. 한 동안 먹을 것을 구경도 못한 여우는 게를 발견하자마자 허겁지겁 달려가 발로 마구 때렸다. 그리고 잡아먹으려

했다. 여우에게 막 먹히려는 순간 게는 이렇게 탄식했다.

"이런 운명을 당해 마땅하지. 바다 속에서 살아야 할 내가 어리석게도 육지에서 살 수 있을 것이라고 상상했으니!"

'갈매기와 솔개'도 비슷한 메시지를 담고 있다.

어린 갈매기가 급히 어떤 고기를 삼키려다 그만 식도가 찢어져서 죽은 채 해변에 누워 있었다. 솔개가 이를 발견하고는 말했다.

"태어난 지 얼마 되지 않아 (자신도 잘 모르는) 바다에서 먹을 것을 찾다가 이 지경이 되었으니 자업자득이군 그래."

기존 사업이 정체되면 최고경영자는 새로운 성장 동력을 찾게 마련이다. 중소기업이나 대기업이 다 마찬가지다. 사업을 다각화할 때 기업은 전혀 다른 분야에 도전해볼 것이냐, 아니면 기존 사업과 관련된 분야 중 유망한 것에 집중할 것이냐를 놓고 선택해야 한다.

두 가지 중에 성공 가능성이 높은 것은 역시 후자다. 코카콜라는 탄산음료의 한계를 뛰어넘기 위해 지속적으로 사업 영역을 확대했다. 콜라와 연관된 분야인 비탄산음료와 식품을 중심으로 다각화하며 적지 않은 성과를 거뒀다. 물론 이런 전략의 단점도 있다. STX그룹처럼 핵심사업(조선)이 타격을 받으면 다른 관련사업까지 영향을 받을 위험이 있기 때문이다.

새로운 분야로 다각화하려다 낭패를 본 사례는 매우 많다. 금호아시아나그룹이 대우건설 인수를 통해 성장 동력을 찾으려다 실패한 것도 그중 하나다. 성공한 사례도 없는 것은 아니다. SK그룹이 하이닉스를 인수하며 반도체 분야에 진출한 것은 새로운 도전이 빛을 본 성공 케이스로 꼽힌다. 반도체 경기가 좋아질 때 인수한 전략이 주효했다고 볼 수 있다. 하지만 100% 성공을 장담하기에는 이르다. 반도체 사업 경험이 없는 SK그룹이 계속 성공가도를 달릴지는 좀 더 두고 봐야 한다.

'송충이는 솔잎을 먹어야 한다'는 속담이 있다. 욕심을 부려 무리하게 사업을 다각화하는 것은 언제나 심사숙고가 필요하다. 꼭해야 한다는 절실함이 생긴다면 '할 수 있는 비즈니스'를 찾아봐야 한다. 기존 사업과 연관 있는 분야가 '할 수 있는 것'이기 쉽다. 그래도 마땅한 것이 없을 때 새로운 분야로 눈을 돌리면 된다. 이럴 때는 더 많은 준비와 조심성이 필요하다. 그만큼 힘들고 성공 확률이 낮기 때문이다.

06 퍼스트 무버의 성공조건과 함정

"이건희 회장은 이데이 노부유키 회장이 소니를 망쳤다고 생각했죠. 돈 되는 기술이나 제품에 투자하기보다는 첨단 기술 과시에만 집착한 게 실수였다고 본 것입니다."

이건희 회장을 가까운 거리에서 보좌했던 삼성그룹 고위 임원이 귀띔한 말이다. 한 때 일본의 대표 기업으로 명성이 높았던 소니가 체면을 구겼다. 2013년에는 1조 6,000억 원 이상의 영업손실을 기록하더니 결국 PC와 TV사업을 접기로 했다. 스마트폰에 집중한다고 말하고 있지만 앞날은 여전히 불투명하다.

몰락 원인을 놓고 '사업 다각화가 회사를 망쳤다'느니, '미래를 위한 투자에 소홀했다'느니, '조직 관리에 실패했기 때문'이라느니 여러 가지 분석이 쏟아지고 있다.

이데이 회장이 취임하기 이전에 소니는 정말 대단한 기업이었다. 1960년대 말 선명한 색상의 혁신적 브라운관 TV로 세상을 깜짝 놀라게 했고, 1990년대 중반에는 평면 브라운관으로 소비자들을 감동시켰다. 소니 워크맨은 지금 애플의 아이폰 만큼이나 돌풍을 일으켰던 제품으로 평가받는다.

이데이 회장이 취임했던 1995년 소니는 자신감과 창조력이 넘쳤던 세계시장의 '퍼스트 무버'였다. 이데이 회장이 소프트웨어와 엔터테인먼트로 사업 영역을 넓힌다고 했을 때도 한 번 더 소니의 '창조'가 일어날 것으로 기대했다. 조직을 대대적으로 혁신한 것에 대해서도 긍정적인 시각이 많았다.

그러나 소니의 행운은 거기까지였다. 시장은 소니를 봐주지 않았다. 소비자들이 원하는 방향은 이데이 회장이 생각했던 것과 달랐다. 기술을 자랑하는 제품이나 서비스가 아니라 실생활에 도움을 주고 쓰기 편한 것에 눈길을 돌렸다.

삼성전자를 비롯해 소니를 추월한 기업은 이런 기본에 충실했다. 퍼스트 무버는 아니었지만 시대가 원하는 상품으로 승부했다. "먼저 된 자가 나중 되고, 나중 된 자가 먼저 된다"는 성경 구절이 떠오르는 대목이다. 경영 측면에서 이런 것을 '퍼스트 무버의 함정'이라고 정의하면 어떨까?

13세기 페르시아의 신비주의 시인 루미가 쓴 '사자의 몫'이란 우화는 섣불리 먼저 움직이는 게 얼마나 불리한 것인지 알려준다. 처세 요령에 관한 내용이지만 퍼스트 무버의 위험을 암시하는 우화로도 읽을 수 있다.

어느 날 여우와 늑대가 숲속의 대왕인 사자를 찾아와 이런 제안을 했다.

"저희와 함께 팀을 이뤄 사냥을 하면 어떨까요? 지금보다 훨씬 많은 짐승을 잡을 수 있을 겁니다. 환상의 팀이 되지 않을까요?"

사자는 하찮은 짐승들과 짝을 이뤄 사냥을 하는 것이 내키지 않았지만 너그러운 마음으로 제안을 받아들였다. 이렇게 한 팀을 이룬 그들은 한 시간이 안 돼 들소와 산양, 토끼를 한 마리씩 잡았다. 그것들을 여우와 늑대가 탐욕스런 눈으로 바라보았다. 사자는 이 모습을 보며 생각했다.

'이것들이 감히 나와 먹이를 분배할 작정인 모양인데… 흠, 어떻게 나오는지 두고 보자.'

사자가 늑대에게 웃으면서 말했다.

"자, 그럼 이것들을 어떻게 하면 좋겠는가? 어디 나이 많은 자네가 먼저 말해보게."

"예, 대왕님. 이 셋 중에 들소가 가장 큰 짐승이니 마땅히 대왕님께서 차지하십시오. 산양은 들소보다 작고 토끼보다는 크니 대왕님보다 작고 여우보다 큰 제가 갖겠습니다. 나머지 토끼는 여우의 몫이 되겠습니다."

이 말을 듣고 사자가 화를 내며 대답했다.

"감히 내 앞에서 몫을 나누려 하다니, 괘씸하구나!"

사자는 달려들어 늑대의 숨통을 끊어 버렸다.

그런 다음 여우의 생각을 물었다.

"대왕님, 살찐 들소는 아침 식사로 드시고, 기름진 산양은 점심으로, 맛있는 토끼는 저녁 식사로 드시지요."

"과연 지혜로운 여우구나. 잘 말했다. 내가 상으로 이것 모두를 너에게 줄 테니 두고두고 먹도록 해라. 그런데 너는 이런 지혜를 누구한테서 배웠는지 말해줄 수 있느냐?"

"늑대한테 배웠습니다. 대왕님."

이 말을 하고 돌아서며 여우는 크게 한숨을 내쉬었다.

"휴우, 대왕이 늑대한테 먼저 물어본 것이 천만다행이군."

경제가 저성장기에 접어들고 불황이 오랜 기간 이어지면서 기업도 퍼스트 무버가 돼야 살아남을 수 있다는 목소리가 높다. 창의적 발상으로 시장을 선점한다면 블루오션을 찾아 높은 수익을 만끽할 수 있다는 점에서 옳은 주장이다.

하지만 퍼스트 무버는 뒤따라오는 후발주자가 감당하지 않아도 되는 위험을 이겨낼 수 있어야 한다. 그렇지 못하면 후발주자보다 못한 실패를 맛볼 수 있고 재기하기도 더 어렵다. 소니를 비롯해 코닥, 노키아의 실패 사례를 보면 이 말을 이해할 수 있을 것이다.

퍼스트 무버로 나서려면 포트폴리오를 다양화하는 방식으로 위험을 분산하는 장치를 반드시 마련해둬야 한다. 먼저 움직였는데 후발로 다른 기업이 따라오지 않는다면, 즉 시장의 호응이 없다면 실패한 것으로 봐야 하기 때문에 궤도를 수정한다.

그럴 실력이 없다면 퍼스트 무버로 나서는 것에 대해 심사숙고해야 한다. 대책 없는 퍼스트 무버보다 민첩한 후발주자가 성공할 확률이 더 높기에 그렇다. 먼저 말을 했다가 죽은 늑대와 이를 교훈 삼아 처세한 여우가 그것을 잘 증명해 주고 있지 않은가.

07 '을'에게 예의를 지켜야 하는 까닭

2011년 5월, 그 전까지 일반인들은 그 이름도 잘 모르는 유성 기업이라는 한 중소기업이 국내 자동차업계를 공포의 도가니에 빠지게 만들었다. 언론에 기사가 나온 뒤에야 이 기업이 당시 기준으로 연매출 1,000억 원대 규모의 유가증권 상장사라는 것이 알려졌다.

이와 더불어 현대차와 기아차를 비롯해 모든 국내 완성차업체와 거래하는 협력업체라는 사실도 공표됐다. 하지만 현대차와 기아차, GM대우, 르노삼성, 쌍용차 같은 완성차업체들과 비교하면 상대가 되지 않을 만큼 작은 기업이라 주목을 받기 전까지 업계에서 존재감은 미미했다.

유성기업의 주요 생산 품목은 자동차 엔진에 들어가는 피스톤 링이다. 엔진을 이루는 실린더 피스톤 바깥 둘레의 홈에 끼우는 부품이다. 실린더 벽의 윤활유와 불순물을 제거해 연소실로 들어가지 않게 하는 부품이었다. 아주 작은 부품이지만 이것이 없으면 엔진 자체를 만들 수 없다.

자동차 피스톤링 시장에서 유성기업은 큰 비중을 차지하고 있었다. 현대와 기아차는 피스톤링 물량의 약 70%, 한국GM은 50%가량을 유성기업에서 조달했다. 르노삼성만 비중이 낮았다. 따라서 만약 유성기업에 비상사태가 벌어지면 현대차와 기아차, 한국GM은 생산 차질이 불가피했다. 다만 그런 일이 벌어질 확률은 높지 않았다. 그래서 완성차업체들은 유성기업의 피스톤링 공급물량을 줄이지 않고 유지했다. 한 곳에서 부품을 가져오면 여러 곳에서 조달 받는 것에 비해 물류비용도 줄고 원가도 낮아지는 이점이 있었다.

그런데 이들 완성차업체가 가장 염려했던 일이 현실이 됐다. 2011년 초부터 유성기업 노사갈등이 점점 심해지더니 파업이 벌어졌고, 이에 맞서 회사는 직장 폐쇄 결정을 내렸다. 정말 갈 때까지 다 간 것이다. 피스톤링 생산량은 점점 줄다가 아예 중단되고 말았다.

그 피해는 고스란히 완성차업체에 돌아갔다. 자동차 메이커의 노조가 파업하면 생산 물량이 줄면서 부품업체들이 골병 드는 것이 일반적인 현상이었다. 그러나 이번에는 정 반대 상황이 벌어진 것이다. 피스톤링 공급이 중단되자 현대차와 기아차의 일부 라인이 멈췄다. 작은 부품 하나가 거대한 자동차 공장을 마비시킨 셈이다.

이 사건은 단지 부품 조달 방식에 대한 반성뿐 아니라 경영 측면에서도 여러 가지를 생각하게 만드는 일화다. 완제품을 생산하는 기업은 비상시기에 대비해 부품 재고를 충분히 확보해 놓아야 하고, 공급처를 다변화해야 한다는 교훈을 얻었다. 하지만 더 중요한 메시지는 '평소에 하찮게 보이는 것이라도 때로는 결정적 변수로 작용할 수 있다'는 사실이다.

대기업과 중소업체 간에 다툼이 일어나면 결국 작은 기업만 피해를 보고 끝나는 경우가 많은데, 가끔은 대기업도 큰 타격을 입는 일이 생긴다. 유성기업의 사례처럼 평소에는 별 것 아닌 것 같지만 제품을 만들 때 꼭 필요한 부품이나 기술을 보유한 중소기업은 대기업을 이기지는 못해도 최소한 괴롭게는 만들 수 있다. 이런 기업에게는 결국 대기업이라도 손을 들지 않을 수 없게 된다. 러시아 작가 크르일로프의 우화 '사자와 모기'가 전하는 메시지도 이와 비슷하다.

어느 날 사자가 모기를 매정하게 경멸하며 모욕했다. 모기는 분노에 치를 떨었다. 모욕감을 견딜 수 없어 사자에게 전쟁을 선포했다. 모기는 온 힘을 다해 앵앵거리며 사자를 죽일 것이라고 욕을 했다. 처음에 사자는 비웃었다. 모기 정도가 아무리 발악을 한들 아무것도 할 수 없다고 생각했다.

그러나 모기는 사자의 눈과 코, 귀를 닥치는 대로 물었다. 사자의 가죽에 붙어 침으로 쏘고 피를 빨았다. 사자는 몸을 털어내고 꼬리를 흔들며 모기를 쫓아버리려 몸부림쳤다. 그럴수록 모기는 더 달라붙어 사자를 괴롭혔다. 사자는 견딜 수 없어 화를 내며 괴로운 표정으로 일어났다. 이를 부드득 갈고, 발톱으로 땅까지 파댔다. 무서운 사자의 포효 소리로 온 숲에 사는 동물들은 두려움에 떨었다. 모두 이리 저리 도망갔다. 마치 홍수나 불이 난 것처럼 우왕좌왕했다. 모기 한 마리가 이 모든 소동을 일으킨 것이다.

사자는 괴로움에서 벗어나려고 힘을 쓰다가 급기야 쾅 소리를 내며 땅에 쓰러졌다. 그리고 모기에게 잘못을 빌며 평화를 간청했다. 그제야 모기는 증오를 삭히고 사자를 용서했다. 그리고 온 숲에 사자와 싸워 자신이 승리했다는 사실을 알리며 사자의 곁을 떠났다.

기업의 최고경영자는 거래 파트너나 고객을 대할 때 그 영향력이나 비중이 크든 작든 무조건 좋은 관계를 유지하는 게 중요하다. 다툼이 일어나면 아무리 큰 기업이라 해도 반드시 이긴다는 보장이 없다.

하청업체도 잘 관리해야 한다. 상황에 따라 하청업체 때문에 치명적인 피해를 입을 수도 있기 때문이다. 2009년 미국에서 일어난 도요타의 대규모 리콜 사태도 그 원인을 따져보면 부품을 공급하는 하청업체에 과도한 단가인하 요구를 했던 것과 무관하지 않다. 큰 댐이 무너지는 것도 작은 구멍에서 시작된다. 평소 작은 일을 꼼꼼하게 살피는 일도 경영자들이 꼭 갖춰야 할 덕목이다.

08 시장에 비밀메시지를 보내라

2014년 방영된 TV드라마 〈별에서 온 그대〉는 PPL(Product PLacement) 광고의 위력을 다시 생각하게 만든 작품이었다. 한국뿐 아니라 중국에서 이 드라마의 PPL이 대성공을 거뒀다는 것은 그 파급력이 훨씬 더 커질 수 있음을 말해준다. 특히 드라마에서 주인공이 먹은 치킨과 맥주(치맥) 때문에 중국에서 두 제품 매출이 급증했을 뿐 아니라, 중국인의 음식 습관을 바꾸는 계기가 될 수도 있다는 전망까지 나왔던 것을 보면 드라마에 숨겨진 광고가 무섭기까지 하다.

사실 PPL이 처음으로 주목을 받았던 것은 드라마가 아니라 영화였다. 스티븐 스필버그 감독이 1982년 제작한 영화 〈ET〉에서

'm&m 초콜렛'을 먹는 장면이 나오자 그 후 이 제품의 판매량이 증가하면서 마케팅 담당자들이 그 효과를 인식하기 시작했다. 이후 PPL의 범위와 기법은 점점 발전해 지금은 거의 모든 영상물에 적용되고 있다.

　PPL은 영상물 제작사 입장에서도 비교적 쉽게 비용을 조달할 수 있도록 해준다는 장점이 있다. 모든 제작비를 제공하며 PPL을 통해 자사 제품을 알리려는 기업도 있다. 그러다 보니 일부 드라마에는 PPL 상품들이 너무 많이 나와 예술 작품인지 광고인지 헷갈릴 정도다. 장면과 잘 어울리지 않는 제품을 등장인물이 사용하도록 해 작품 전체를 망치는 일도 있다. 작품성보다 수익을 앞세우면서 주객이 전도되는 사태가 벌어지는 것이다.

　PPL의 힘은 '숨겨져 있다는 것'에서 나온다. 그것이 PPL의 본질이다. 일반 광고는 제품의 장점을 직접 내세우며 홍보한다. 반면 PPL은 노골적으로 알리지 않으면서도 소비자들의 눈길을 끌어야 성공할 수 있다. 이런 측면에서 PPL은 드라마나 영화가 관람객에게 전하는 '비밀메시지'인 셈이다. 비밀메시지는 비밀이 지켜져야 효과를 극대화할 수 있다. 비밀이 알려진다면, 그래서 공공연한 비밀이 된다면 오히려 역효과를 낼 수 있다. 드라마에 자주 의도적으로 노출되는 제품에 대해 사람들이 '저것은 PPL일 뿐이야'라며 거부감을 갖는 순간 광고 효과는 사라진다.

중세 페르시아 시인인 루미의 '비밀메시지'라는 우화는 PPL의 성공 전략과 관련해 의미심장한 교훈을 준다.

한 상인이 인도 여행을 떠나기 전에 하인들을 불러놓고 말했다. "이번 여행에서 돌아올 때 모두에게 선물을 주기로 했으니 말해 보아라."

이에 모두들 기뻐하며 원하는 것을 말했다. 상인은 새장에 갇혀 있는 앵무새에게도 선물을 주겠다고 했다. 이에 앵무새가 대답했다.

"인도는 제가 태어난 곳이지요. 친척들에게 제 안부와 함께 그들을 그리워하고 있다고 전해주시고, 혹시 제게 전하는 메시지가 있으면 물어봐 주십시오."

상인은 인도에서 볼일을 보고 돌아오기 직전에 들판을 거닐다 나무 위의 앵무새들을 봤다. 그들에게 인사를 하고 집에 두고 온 앵무새의 말을 전했다. 그의 말을 귀담아 듣던 앵무새 한 마리가 갑자기 몸을 떨고 비틀더니 땅바닥으로 떨어져 상인 앞에서 숨을 거뒀다. 상인은 가슴이 아파서 혼자 중얼거렸다.

"이 불쌍한 새가 우리 집 앵무새의 친척이나 친구인 것이 틀림없어. 내가 전한 말이 그만 이 새를 죽게 만들었어."

여행을 마치고 집에 돌아온 상인은 앵무새에게 이 사실을 전했다. 그러자 앵무새는 울음을 터뜨렸다.

"주인님, 제 말을 전하셨나요? 그들이 제게 전하라는 메시지는 없었나요?"

"물론 네 말을 전했지. 그러나 전하지 않았더라면 더 좋았을 뻔 했다. 네 말을 듣고 분명 너를 잘 아는 앵무새가 너무 절망해 그만 그 자리에서 죽고 만 거야. 정말 미안하다."

앵무새는 주인의 말을 주의 깊게 듣더니 갑자기 몸을 떨기 시작하다가 그만 새장 안에서 죽고 말았다. 상인은 충격을 받고 소리를 질렀다.

"아, 이를 어쩌나? 아름다운 새가 죽었구나. 이런 바보 멍청이가 어디 있단 말인가? 진작 알았다면 말을 하지 말았어야 했는데."

상인이 눈물을 뿌리며 숨을 거둔 새를 새장에서 꺼내는데 갑자기 앵무새가 날개를 치고 하늘로 날아갔다. 그리고 나뭇가지에 앉아 상인을 내려다보며 말했다.

"저의 주인이었던 분이여. 인도의 그 앵무새는 죽지 않았답니다. 죽은 척하는 속임수로 새장에서 벗어날 방법을 저에게 알려준 것일 뿐이지요."

PPL은 은밀한 광고다. 자사 제품이나 기업을 널리 알릴 때 '비밀메시지'는 일반 광고 또는 마케팅에 비해 그 효과가 몇 배 더 클 수 있다. 운이 좋으면 수 백, 수 천 배의 효과를 내는 '대박'이 될 수도 있다.

〈별에서 온 그대〉의 '치맥'도 여기에 해당된다. 다만 주의할 점은 절대 노골적이지 말아야 한다는 것이다. 더 잘 알리고 싶은 마음에, 더 빨리 효과를 보고 싶어 잦은 노출을 요구하거나 어울리지 않는 장면에서 시도 때도 없이 보이게 하면 결코 대박을 기대할 수 없다. 그래서 PPL 광고는 '절제의 미학'이 수반돼야 성공을 거둘 수 있다.

처음과 나중을 동시에 봐라

GE의 잭 웰치가 20세기의 마지막 위대한 경영자였다면, 그의 후계자인 제프리 이멜트는 21세기 최초의 뛰어난 경영자로 기록될 확률이 높다. 지난 2001년 9.11테러가 일어나기 직전 취임한 이멜트 회장은 주가 폭락과 전임 회장의 거대한 그림자에 대한 부담감, 급변하는 시장 상황 등 많은 어려움을 넘어 실적과 창조적 경영 측면에서 모두 GE의 명성을 이어갔기 때문이다.

이멜트 회장의 가장 큰 장점은 조용하게 미래를 준비하는 안목에 있다. 어떤 상황이 벌어지더라도 GE가 글로벌 경쟁력을 잃지 않도록 미리 조치를 취해둔다는 얘기다. GE코리아 고위 임원은 "2005년까지 대규모 인수합병(M&A)을 추진하며 환경과 물

관리, 보안, 풍력 터빈, 가스엔진, 태양광 발전, 바이오사이언스와 진단 의약, 미디어엔터테인먼트 같이 장기성장 사업 포트폴리오를 선제적으로 조정했다"고 밝혔다.

2008년 세계 금융위기를 잘 넘어간 것도 이멜트 회장의 통찰력 덕택이다. 그는 시장의 불확실성에 대비해 2005년 이후 3~4년간 저성장 저마진 사업을 매각하거나 철수했다. 부동산과 소비자금융, 석영이나 실리콘, 플라스틱 분야가 대표적이다.

그러나 아무리 경영 환경이 힘들어도 향후 높은 수익을 창출할 분야에 대한 투자는 아끼지 않는다는 게 이멜트 회장의 신념이었다. 금융위기 직후인 2009년과 2010년에도 매출의 5~6%를 연구개발에 투자하고, 유망 기업의 인수합병을 중단하지 않았다. 미국과 인도 두 곳에 있었던 글로벌 연구개발센터를 중국과 독일, 브라질 등 총 7곳으로 늘렸다. 그 결과 항공 사업부의 경우 매년 새 엔진을 출시할 수 있는 시스템을 갖추게 되었다. 센터를 확대하기 전에는 10년 걸리던 엔진 개발 기간을 획기적으로 줄인 것이다. 이와 함께 석유가스 해저시추와 심해저, 전력과 발전 관련 기술 기업들을 꾸준하게 인수했다.

전 세계 현지 기술 활용을 높이는 차원에서 주요 국가에 기술혁신센터도 설립하고 있다. 곳곳에 숨어 있는 아이디어를 사업으로 연결하는 클라우드 소싱으로 혁신 제품을 만들고 있는 것 역시 이멜트 회장이 GE의 지속가능 경영을 위해 도입한 실험에 속한다.

앞을 내다보는 이멜트 회장의 경영은 루미가 쓴 현명한 사람에 대한 두 편의 이야기를 떠오르게 한다. 먼저 '처음과 나중을 함께 보고'라는 이야기다.

한 노인이 금은방에 와서 말했다.

"내게 있는 금을 달아보게 저울 좀 빌립시다."

금은방 주인은 대답했다.

"미안합니다. 체가 없는데요."

"내가 저울 좀 빌려달라고 했지 언제 체를 빌려달라고 했소? 농담하지 마시오. 시간이 없소."

"미안합니다, 노인장. 비도 없군요."

"이제 그만하시오 무슨 소릴 지금 하는 거요. 당신 귀머거리요? 미쳤소?"

"아닙니다. 귀머거리가 아닙니다. 다만 노인 말씀의 처음과 나중을 함께 들었던 겁니다."

"뭐라는 거요?"

"설명해 드리지요. 노인이 처음 저울을 빌리자고 했을 때 나는 노인의 손이 떨리는 것을 보았습니다. 노인께서 떨리는 손으로 사금을 저울에 달다가 금을 흘리면 그것을 쓸어 담게 비를 달라고 할 것 아닙니까? 그래서 쓸어 담으면 금가루에 먼지가 섞여 있을 테니 이번에는 금을 가려내도록 체를 달라고 하시겠지요. 그런데 이 집에는 비도 없고 체도 없으니 다른 금은방을 가 보시는 게 좋을 것 같습니다."

이번에는 '말은 나중에'라는 우화다.

나무 그늘에서 낮잠을 달게 자던 농부가 갑자기 깨어나 소리질렀다. 지나가던 나그네가 다짜고짜 몽둥이로 때렸기 때문이다. 나그네가 매질을 계속하자 농부는 도망갔다. 농부가 사과나무 아래서 쓰러지자 나그네는 무작정 사과를 먹였다. 농부는 저항했지만 나그네는 계속 사과를 우겨 넣었다. 먹여 놓고 나그네는 계속 몽둥이질을 했다. 불쌍한 농부는 거의 기절해 땅바닥에 엎어져 헐떡이다 먹은 것을 토했다. 그런데 꾸역꾸역 나오는 사과 토사물 뒤에 새까만 독사 한 마리가 밖으로 나오는 것이 아닌가. 뱀을 보고 놀란 농부가 소리쳤다.

"아, 당신이 내 목숨을 살렸군요."

그러자 나그네가 빙그레 웃으며 말했다.

"우연히 지나가다 잠자고 있는 당신 입으로 뱀이 들어가는 것

을 봤소. 당신을 깨워서 내가 본대로 점잖게 말해줬다면 아마
겁에 질려 죽었을 것이오."

최고경영자는 처음과 나중을 한 눈으로 보고, 위급한 상황이
발생하면 일단 문제를 해결한 후 임직원들에게는 나중에 그 이유
를 설명해야 할 일이 많다. 처음만 보고 단기성과에 매달리거나
위기가 막 몰려오고 있는데도 현상을 설명하고 어떻게 극복할 것
인지 이론을 늘어놓는 데 시간을 허비한다면 기업은 곧바로 어려
워질 것이다. 종합적으로 보고 통찰하는 혜안이야말로 최고경영
자가 갖춰야 할 최고 덕목이 아닐까.

10 훈수만 두는 경영자의 한계

　쌍용건설이 2014년 1월 법정관리에 들어간 뒤 곤란을 겪었던 것 가운데 하나가 외국에서 공사를 수주하는 일이었다. 법정관리에 들어간 회사는 담보 없이 보증서를 발급받을 수 없다는 게 걸림돌이 됐다. 해외 수주에서 보증서는 공사를 이행할 때 갖춰야 할 필수 서류다. 쌍용건설은 그동안 해외 수주 실적이 많았고, 평가도 좋은 편이었다. 그래서 어려운 상황에서도 적게는 수백억 원, 많게는 수천억 원 규모의 해외 공사를 꾸준하게 따냈다.

　그러나 법정관리 이후 보증서 문제가 발목을 잡았다. 법정관리 기업은 수주 금액만큼 담보를 제공하지 않으면 금융기관으로부터 보증서를 발급하지 못했다. 그렇지 않아도 막대한 채무와 자금난에 허덕이고 있는 쌍용건설이 보증서 발급을 위해 담보를 확보하는 것은 쉽지 않았다.

이를 두고 건설업계 일각에서는 법정관리의 맹점을 지적하는 목소리가 높아졌다. 법정관리가 회생 가능한 기업을 파산시키지 않고 다시 살아날 수 있도록 하는 방법이지만 비현실적인 의무사항 때문에 회생을 방해하기도 한다는 지적이었다. 아마 담보를 제출해야 발급되는 보증서도 법정관리 기업의 추가 부실을 막기 위한 조치 중 하나일 것이다. 그러나 건설사의 해외 공사 수주 경쟁 현장에서 이는 치명적인 제약 조건이 된다.

이론적으로는 허점이 없지만 실제 현장에서는 전혀 쓸모가 없거나 방해만 되는 사례들은 많다. 2014년 4월 16일, 대한민국 국민들의 마음을 아프게 만든 세월호 참사 직후 정부 관계자들이 보인 이런저런 행태도 '현장'을 모르고 말로만 떠들다 희생자를 키운 경우에 속한다. 세월호 침몰 초기 당장 필요한 것부터 신속하게 처리해야 하는데 말로만 상황을 설명하고 이론적으로만 구조 방법을 논의하다가 배 안에 있는 사람을 구할 '골든타임'을 놓치고 말았던 것이다.

현실을 잘 모르거나 등한시하는 사람이 기업을 맡는다면 어떻게 될까. 십중팔구 기업은 침몰하고 말 것이다. 이런 경영자는 평소엔 미사여구를 늘어놓으며 유능한 지도자처럼 보일지 모르지만 일단 위험에 직면하면 말도 안 되는 지시를 내리다가 회사를 절단낸다.

프랑스 작가인 라퐁텐의 '아이와 선생님'이라는 우화에 등장하는 교사는 기업이 절체절명의 위험에 빠졌을 때 정작 구할 생각은 하지 않고 말로 훈수만 두는 무능력한 경영자를 상징한다. 사실 경영자뿐 아니라 말로만 문제를 해결하려는 사람들은 세상에 너무 많다. 가급적 피해야 할 군상들이다. '아이와 선생님'의 내용은 이렇다.

어느 날 한 아이가 강가에서 놀다가 강물에 빠졌다. 물의 양이 많고 흐름도 빨라 바로 구하지 않으면 물에 빠져 죽을 형편이었다. 그러다 다행히 강가에서 뻗어져 나온 나뭇가지를 붙잡을 수 있었다. 아이는 필사적으로 나뭇가지를 붙잡고 소리 질렀다.

"사람 살려요! 살려주세요!"

마침 그곳을 지나던 학교 선생님이 그 소리를 들었다. 그러나 선생님은 아이를 구할 생각은 하지 않고 심각한 표정을 지은 채 설교조로 말했다.

"이 장난꾸러기야. 이번 기회에 정신 좀 차려라. 장난을 치면 어떻게 되는지 이제 알겠지?"

선생님은 이렇게 말하면서 다시 주위를 한 바퀴 둘러보았다. 그러고는 마치 아이 부모가 그 자리에 있는 것처럼 거만한 표정으로 훈계하기 시작했다.

"부모는 절대로 어린 자식에게서 눈을 떼면 안 되지. 그것이 바로 자식을 둔 부모의 의무 아닌가?"

아이는 빨리 구해주기를 바라며 나뭇가지를 힘겹게 붙잡고 있었다. 그러나 선생님은 얼굴이 파래진 아이를 보며 또 다시 훈계를 이어갔다.

"저 나쁜 아이에게는 자업자득이라 할 수 있지만 그래도 생명은 귀중한 것이지. 또 살아 있어야 저 아이가 잘못을 뉘우칠 수 있거든. 박애란 널리 사랑하는 마음이며 교육자란 나쁜 아이일지라도 가르치고 키우며 박애를 실천하는 사람이니 보답을 바라지 않고 내 한 몸을 바쳐야 하는 법이지."

이렇게 말한 선생님은 마지못해 아이에게 손을 내밀었다. 그러나 그때 이미 아이는 혼자 힘으로 물에서 나와 잔뜩 마신 물을 토해내고 있었다.

'물에 빠져 아이가 죽을 수 있다는 눈앞의 사실'을 보지 못하고 설교만 하는 선생님이 진짜 있을까 하는 생각이 들 수 있다. 그러나 불행하게도 우리 주변에는 '엄연한 사실'을 보지 못하거나 무시하는 인간들이 너무 많다. 오직 탁상공론으로 각종 정책과 법규를 만드는 국회의원과 공직자들이 그렇고, 300명이 넘는 승객이 배 안에 있다는 것을 알면서도 아무런 조치를 취하지 않고 자신들만 빠져 나온 세월호 선원들도 똑같은 자들이다. 회사 문을 닫게 만든 수많은 경영자들도 마찬가지다.

"내가 물에 빠진 아이를 보면서 설교만 하는 교사는 아닐까?"

"실제 비즈니스에 도움이 되는 일을 하지 않고 훈수만 두는 경영자는 아닐까?"

경영 환경이 어려워질수록 최고경영자들은 스스로 이런 질문을 던져볼 필요가 있을 것 같다.

11 수익만 추구하는 것은 소탐대실

삼성 창업자인 이병철 회장은 20대 중반 무렵 한량 생활을 했다. 술과 노름에 빠졌던 그가 소모적 삶을 청산하기로 작심한 때는 1936년 어느 봄날 밤이다. 《호암자전》에서 이 회장은 당시 심경 변화를 비교적 담담하게 기술했다.

"그날도 골패 노름을 하다가 밤늦게 집으로 돌아왔다. 밝은 달빛이 창 너머로 방안에 스며들고 있었다. 그때 나이 26세. 이미 세 아이의 아버지가 되어 있었다. 달빛을 안고 평화롭게 잠든 아이들의 모습을 바라보는 순간, 문득 악몽에서 깨어난 것 같은 심정이 되었다. '너무 허송세월했다. 뜻을 세워야 한다.' 잠자리에 들긴 했으나 그날 밤은 한잠도 이룰 수 없었다. 온갖 상념이 머릿속을 스쳤다. 그리고 뜻을 굳힌 것이 사업이었다. 독립을 위해서 투쟁하는 것 못지않게 국민을 빈곤에서 구하는 일 또한 시급하다."

그가 평생의 업(業)으로 삼았던 '사업보국(事業報國)'에 대한 생각은 이렇게 탄생했다. 이 회장 역시 현실 기업가였던 만큼 때로는 국가와 국민보다는 먼저 회사 이익을 챙겼을 것이다. 하지만 그는 '돈' 자체보다는 사업을 통해 국민과 나라를 지키려는 순수함을 잃지 않으려고 노력했다. 사훈(社訓)의 첫 항목을 사업보국으로 정한 게 그 증거다.

사실 돈만 추구하는 기업은 오래 가지 못한다. 크게 성장해 더 많은 임직원을 고용하고 국민 생활에 영향력이 커지면 커질수록 기업은 돈을 넘어 고귀한 가치를 지향해야 한다. 기업의 공유가치창출(CSV)이라는 개념이 탄생한 배경이다. CSV(Creating Shared Value)는 기업이 단지 수익을 추구하는 단계를 넘어 종업원과 협력업체, 지역사회, 국가, 더 나아가 인류 전체의 삶까지 고려해야 한다는 생각을 전제로 한다. 이병철 회장은 20대 중반이라는 어린 나이에도 불구하고 사업을 시작하기 전부터 CSV가 기업의 궁극적 존재 이유가 돼야 한다는 사실을 깨달은 몇 안 되는 경영자 중 한 명이었다.

'구두쇠'라는 이솝우화는 황금을 쌓아 놓기만 하면 돌멩이와 다름없다는 교훈을 전하는 대표적인 이야기다.

한 구두쇠가 도난을 걱정해 전 재산을 금괴로 바꿔 땅에 묻었다. 구두쇠를 몰래 따라갔던 하인은 땅을 파서 금괴를 훔쳐 달아났다. 금괴가 없어진 것을 알고 한탄하는 구두쇠를 보고 한 나그네가 말했다.

"절망할 필요 없습니다. 돌멩이를 묻어 놓고 금괴라고 생각하면 됩니다. 금괴를 묻어 놓고 쓰지 않는다면 돌멩이를 묻어 놓은 것과 무엇이 다릅니까?"

황금을 제대로 쓰는 게 단지 쌓아두는 것보다 얼마나 고귀한 행위인지는 20세기 초 활동했던 일본 작가 도요시마 요시오의 우화 '은피리와 황금가죽'에도 잘 묘사돼 있다. 줄거리를 요약하면 이렇다.

착하고 순수한 양치기 에키모스는 하얀 갈대를 발견한다. 그렇지 않아도 새처럼 아름다운 소리를 내고 싶었던 그는 갈대로 은피리를 만든다. 피리를 불자 매우 신비로운 소리가 났다. 피리 소리를 듣고 숲속의 동물들이 모두 모였다. 그중에는 황금사슴도 있었다. 에키모스는 여러 동물 중에서도 특히 황금사슴이 함께 있는 게 좋았다.

그러나 언제부터인가 황금사슴이 보이지 않았다. 그러던 중

사슴들이 찾아와 에키모스를 어디론가 인도했다. 그곳에 가보니 황금사슴이 죽어 있었다. 에키모스는 너무 슬펐다. 그는 황금사슴을 잘 묻어 주고 그를 기리기 위해 그의 가죽으로 주머니를 만들었다.

그는 상실감에 양치기 일을 그만두고 도시로 가고 싶었다. 그는 주인에게 얼마의 돈을 얻어 황금사슴가죽 주머니에 넣고 집을 나섰다. 양치기는 여행 중 돈이 부족할 것이 걱정됐다. 그런데 그때 이상한 일이 벌어졌다. 황금가죽에 넣어 둔 돈이 모두 금화로 바뀌어 있었던 것이다. 어떤 것이든 황금가죽에 들어가면 모두 금화로 변했다.

도시에 도착한 양치기는 우연히 가난한 사람들을 만나 계속 생기는 금화로 그들을 도왔다. 그가 가난한 이웃을 돕는다는 소문은 빠르게 퍼졌다. 많은 사람들이 그를 찾아와 도움을 받았다. 급기야 왕과 대신들도 이 사실을 알았다. 다만 이들은 양치기가 금화를 뿌려 사람들을 선동한다고 여겼다. 그래서 그를 잡아 은피리와 황금가죽 주머니를 빼앗고 감금했다.

왕은 주머니에 돌멩이를 넣자 금화로 바뀌는 것을 보고 욕심이 생겼다. 그는 매일 금화를 만들었다. 많은 방을 금화로 채웠다. 하지만 금화를 쓸 곳이 없었다. 이 모습을 보고 왕자는 말했다.

"금화를 백성들을 위해 쓰지 않으면 무슨 소용이 있겠어요?"

왕은 아들의 충언을 받아들였다. 그리고 양치기가 어떤 악의도 없었고 오직 착한 마음에서 가난한 사람을 도왔다는 사실도 알게 됐다. 왕은 양치기를 석방했고 궁궐에서 함께 살자고 했다. 하지만 양치기는 도시의 삶이 싫어졌다. 다시 고향으로 돌아가 양을 치며 살고 싶었다. 그는 은피리와 황금가죽 주머니를 들고 궁을 빠져 나와 살던 곳으로 향했다.

도요시마 요시오의 원작은 에키모스의 순수한 모습을 더 생생하게 그리고 있다. 자연과 동물, 사람에 대한 동정과 공감이 감동적으로 그려졌다. 그는 도시와 궁궐의 화려한 생활을 경험했지만 초심을 잃지 않았다.

최고경영자들은 수익보다 인간과 생명을 위한 경영이 무엇인지 생각해볼 필요가 있다. 단지 돈을 버는 차원을 넘어 이웃과 인류의 사랑으로 경영의 지평이 넓어진다면 더 바랄 나위가 없다. 그러기 위한 첫 걸음은 역시 초심과 기본으로 돌아가 자신의 모습을 반성해 보는 것에서 시작해야 할 것이다.

12 먼저 일어난 사람이 종을 쳐야

2014년 초 미국 플로리다 보카레이톤에 GE(제너럴 일렉트릭) 임원 600여 명이 모였다. '2014 GE글로벌리더십미팅'에 참석하기 위해서였다. GE의 연간 전략을 짜고 실행 방안을 모색하는 행사였다. 한국 기업이나 경영자들과는 별로 관계없을 것 같던 이 모임은, GE 최고경영자인 제프리 이멜트 회장이 주요 세션 주제로 '삼성의 스피드 경영'을 논의하도록 주문하면서 널리 알려지게 됐다.

행사에 앞서 3개월 전 한국을 방문했던 이멜트 회장은 삼성의 성장에 깊은 인상을 받았던 것 같다. GE코리아 관계자는 "그룹 전체 매출 300조 원이 넘는 거대기업 삼성이 시장 변화에 맞춰 중소기업처럼 일사분란한 의사결정과 신속한 실행력을 보이고 있는 것이 이멜트 회장이 강조한 벤치마킹 포인트"라고 설명했다. 그는 "세계 최고 혁신 기업으로 손꼽히는 GE도 경영의 속도 측면에서는 삼성에 미치지 못하는 게 사실"이라고 말했다.

삼성의 '스피드 경영'은 애플의 아이폰 등장 이후 모바일시장이 스마트폰으로 재편되면서 그 위력을 과시했다. 스마트폰 후발 주자였던 삼성전자는 '갤럭시' 브랜드를 앞세워 빠른 속도로 애플을 따라잡았다. 그 결과 글로벌 스마트폰시장에서 애플을 뛰어넘는 실적을 올렸다. 이런 성공적 추격 뒤에는 스마트폰의 주요 부품을 생산하는 기반이나 마케팅 능력이 큰 역할을 했겠지만, 더 중요한 것은 최고경영자의 신속한 의사결정이었다.

이는 삼성과 똑같은 도전을 받았던 노키아가 몰락한 과정을 보면 알 수 있다. 한 때 휴대폰시장의 절대 강자였던 노키아는 불행하게도 변화 속도에 적응하지 못했다. 스마트폰으로 판도가 빠르게 바뀌고 있는데 이럴까 저럴까 궁리만 하다 그만 기회를 놓치고 말았다. 복잡한 의사결정 구조와, 형식과 절차를 따지는 관료주의적 문화가 결국 노키아를 급속히 무너지게 만든 원인이 됐다.

기업에서는 임직원들 사이에 의견이 엇갈릴 때가 많다. 어느 것이 옳은지 당장 판단하기 힘들어 빨리 실행에 옮겨야 하는데도 결정을 연기해야 하는 경우도 있다. 조직과 직급이 많은 대기업일수록 이런 현상은 심하다.

물론 신속하게 처리하는 것보다 신중한 결정이 필요한 사안도 있다. 그러나 대부분의 업무는 일단 실행에 들어간 뒤에 조금씩 보완해 나가는 방식으로 처리하는 것이 좋다. 괜히 완벽하게 한다는 명분으로 궁리만 하다 보면 호기를 놓치고 후회하는 일이 생기기 마련이다.

중세 스페인 작가 후안 마누엘이 쓴 '서로 먼저 종을 치겠다는 성직자와 수도사'라는 우화는 불필요한 논쟁이 얼마나 허무한 것인지 깨닫게 해준다. 실행력이 떨어지는 조직에는 분명 이 우화에 나오는 성직자와 수도사 같은 임직원들이 많을 것이다.

새벽에 종을 치는 문제를 두고 대교회 성직자들과 파리의 수도사들은 심한 갈등을 빚고 있었다. 성직자 측은 자신들이 교회의 우두머리인 만큼 새벽종을 쳐야 한다고 주장했다. 그러자 수도사들이 말했다.

"성직자들은 공부도 해야 하고 새벽 기도도 드려야 합니다. 시간을 허비해서는 안 되는 것이죠. 수도사들은 그런 일을 할 필요가 없으니 우리가 종을 쳐야 합니다."

그러나 성직자들은 수도사들에게 새벽종 치는 일을 양보할 수 없었다. 결국 이 문제를 놓고 큰 소송이 일어났고 양측은 소송에 많은 돈을 지불해야 했다. 소송이 오랜 기간 지속되자 교황은 한 추기경에게 어떤 식으로든 이 사건을 해결하라며 모든 문제를 위임했다.

추기경은 그동안의 소송 서류를 가져오도록 했다. 엄청난 양의 자료를 보고 추기경은 양측에게 그 다음날 판결할 테니 참석하라고 통지했다. 판결을 내리는 날, 성직자과 수도사들이 모인 자리에서 추기경은 모든 서류를 불태워버리고 다음과 같이 말했다.

"여러분, 이 소송은 너무 오래 지속됐습니다. 당신들은 모두 많은 돈을 낭비했고, 적지 않은 피해를 입었습니다. 더 이상 이 소송을 끌고 싶지 않습니다. 그러므로 다음과 같이 판결합니다. 먼저 일어난 사람이 종을 치도록 하십시오."

"먼저 일어난 사람이 종을 쳐라."

최고경영자는 추기경의 이 판결을 음미해볼 필요가 있다. 어떤 업무를 담당할 가장 적합한 사람은 업무를 수행하는 데 출중한 능력을 갖춘 자도 아니고 그 일에 대해 이렇다 저렇다 많이 알고 있다고 떠벌리는 자도 아니다. 아무 말 없이 그 업무를 잘 실행하는 사람이 적격자다. 그가 바로 먼저 일어난 사람이기 때문이다.

'스피드 경영'은 일부러 일을 재촉하는 게 아니다. 머뭇거림 없이 제때 가장 필요한 사업을 할 수 있도록 결정을 내려 주면 된다. 실행은 하지 않고 허망한 말싸움을 벌이거나 좀 더 신중하고 책임 있게 일을 처리한다는 명분으로 의사결정을 늦추면 결코 좋은 성과를 낼 수 없다.

마누엘은 성직자와 수도사의 이야기를 끝내고 그 교훈을 이렇게 요약했다.

"잘 마무리 될 수 있는 일을 미적거리면 정작 그 일을 처리하려고 할 땐 해결되지 않을 수도 있다."

13 가지 않는 길을 가야 하는 이유

삼성 창업자 이병철 회장의 반도체 사업과 포드 설립자 헨리 포드의 대중을 위한 자동차 '모델T'는 공통점이 있다. 모두 당시에는 아무도 가지 않으려는 길이었고, 그럼에도 두 사람은 그 길을 가서 새로운 역사를 썼다는 사실이다.

이병철 회장이 반도체 투자를 결정했던 때는 한국이 이제 막 빈곤에서 벗어나 산업 국가의 기반을 다지려는 시기였다. 최첨단 기술을 필요로 하는 반도체는 감히 쳐다볼 수 없는 영역이었다. 그러나 그는 10년이 넘는 심사숙고와 깊은 고심 끝에 반도체 공장을 짓기로 결정했다. 1983년 3월 발표된 '도쿄 선언'은 이런 배경에서 나왔다.

삼성이 반도체에 투자한다는 소식이 전해지자 대한민국은 이 회장을 성토하느라 난리였다. 당시 기준으로 봤을 때 반도체 투자에는 막대한 자금이 필요했기 때문이다. 만약 사업이 망하면 엄청난 국부(國富)를 날릴 수도 있는 위험 부담이 있었다. 정치인과 언론인 등 이른바 여론 주도자들뿐만 아니라 삼성 내부 임직원과 엔지니어조차 이 회장의 무모한 도전에 부정적인 반응을 보였다.

예상했던 대로 삼성의 반도체 사업은 계속 적자를 기록했고, 미국과 일본 선진 기업들이 중심이 된 시장 구도는 좀처럼 바뀌지 않았다. 이 회장의 반도체에 대한 집착 때문에 결국 삼성이 망할 것이라고 말하는 사람도 적지 않았다. 아마 이런 얘기가 이 회장의 귀에도 들어갔을 것이다.

하지만 이병철 회장은 확고했다. 무슨 일이 있어도 반도체 사업은 지속해야 한다는 신념을 버리지 않았다. 그에게 반도체는 '산업의 쌀'이기에 반도체가 없이는 그가 삶의 최종 목표로 삼았던 '사업보국'을 결코 이룰 수 없었다. 반면 삼성 임원들은 누적되는 적자를 감안해 속도를 늦추려고 했다. 이 회장이 지시한 라인 증설을 차일피일 미루기도 했다. 그러자 이 회장은 공장 착공 날짜를 지정해 행사를 준비하라는 지시를 내렸다.

삼성 반도체 사업은 이 회장 생전에 빛을 보지 못했다. 그는

1987년 8월 기흥 반도체 공장 3라인 기공식에 참석하고 나서 3개월 만에 눈을 감았다. 그러나 1988년 삼성 반도체는 첫 흑자를 기록하기 시작해 1990년대 들어 PC 열풍이 불면서 활짝 꽃을 피웠다. 그 후 삼성은 메모리 반도체 분야에서 선두로 나섰고, 이를 바탕으로 세계적인 기업으로 성장할 수 있었다. 이는 이병철 회장이 '가지 않는 길'을 선택한 결과였다.

헨리 포드가 최초로 모델T에 대한 구상을 밝혔을 때도 대부분의 사람들은 성공하기 힘들 것으로 전망했다. 당시까지만 해도 자동차는 부유층의 전유물이었다. 비싸지 않으면 자동차가 아니라는 인식이 상식에 속했다. 이런 분위기에서 공장 직원들도 탈수 있는 싼 차를 만들겠다는 주장은 설득력을 얻지 못했다.

하지만 포드는 자동차가 만인의 필수품이 돼야 하고, 결국 그렇게 될 것이라는 확신이 있었다. 그는 대중이 탈 수 있는 차를 만들기 위해 몇몇 연구원들과 창고 같은 연구실에서 많은 시간을 보냈다. 그 결과 컨베이어 시스템과 부품 표준화로 생산 단가를 낮추면서 대량 생산이 가능한 체제를 구축할 수 있었다.

모델T는 공전의 히트를 쳤다. 당시 자동차업계 사람들은 전혀 예상하지 못한 일이었다. 몇 년 만에 수천만 대가 팔리면서 모델T는 더 싸졌다. 자연히 판매량은 더 늘었다. 그러나 무엇보다도 의미가 큰 것은 모델T가 자동차의 대중화 시대를 활짝 열었다는 점이다. 헨리 포드의 '가지 않은 길'이 자동차 역사를 새로 쓴 셈이다.

옛것만 고집하지 말고 새로운 것에 도전해야 한다는 우화는 많다. 그중 하나가 페르시아 시인 루미가 남긴 '세 번째 계단'이라는 이야기다. 편견을 깨는 것이 얼마나 중요한지도 암시하고 있다.

우드만이 신의 대리인인 칼리프가 됐을 때 설교하러 강단에 올라서야 할 순간이 왔다. 그런데 그가 서야 할 강단은 예언자 무함마드가 쓰던 바로 그 강단이었다. 사람들은 그 강단을 신성한 것으로 여겼다.

우드만의 선배 칼리프들은 사람들의 마음을 잘 읽었다. 예를 들어 우마르는 강단의 첫 번째 계단에만 서 있었고 그 위로는 올라가지 않았다. 다른 칼리프였던 아부 바끄르는 한 계단 더 올라섰지만 세 번째 계단에는 발을 올리지 않았다.

사람들은 새로 칼리프에 오른 우드만이 어떻게 할지 지켜보고 있었다. 그는 강단 첫 번째 계단, 두 번째 계단을 차례로 밟아 드디어 마지막 세 번째 계단에 올라섰다. 모두 숨을 죽이고 바라보는데 한 사람이 참지 못하고 시비를 걸었다.

"어쩌자고 감히 예언자님의 자리에 오른단 말이오? 위대한 선배 칼리프인 우마르와 아부 바끄르가 당신만 못하다는 겁니까?"

우마르는 대답했다.

"내가 첫 번째 계단에 서면 사람들은 '저 사람은 우마르처럼 되고 싶은가보다'라고 말할 것이다. 두 번째 계단에 서면 '저 사람은 아부 바끄르처럼 되고 싶은가보다'라고 생각하겠지. 하지만 세 번째 계단에 서면 아무도 뭐라고 하지 않을 것이다. 왜냐하면 설마 '저 사람이 예언자처럼 되고 싶은가보다' 하고 생각할 사람은 없을 테니까."

신성한 영역인 세 번째 계단은 '기업가 정신'을 상징한다고 볼 수 있다. 두 번째 계단까지 오른 경영자는 회사를 일정 기간 현재 규모로 잘 지킬 수 있을지는 모르겠지만 위대한 기업을 만들 수는 없다. 기업가 정신이 빠진 기업은 언젠가는 망한다. 시간이 문제일 뿐이다. 새롭게 변신하지 않으면 퇴보하는 게 기업이기 때문이다. 지속가능한 기업을 만들고자 하는 최고경영자라면 반드시 세 번째 계단에 올라서야 한다.

14 하늘에 돈을 쌓아 놓는 경영

"기업을 하는 이유가 무엇입니까?"

"돈을 버는 것이죠."

"돈을 번 다음에는?"

"가족과 친지, 친구를 위해 쓰는 겁니다."

"인생의 목적이 단지 그것뿐일까요?"

잠시 침묵.

"돈을 벌면서 주변 사람뿐 아니라 국가와 사회, 더 나아가 인류의 삶에 기여한다면 금상첨화겠죠. 가난하고 불우한 이웃을 돕는다면 멋진 일이 아닐까요?"

기업의 사회적 책임(CSR) 또는 공유가치창출(CSV)이 어떻게

시작됐을까 상상하며 꾸며본 가상 인터뷰다. 최근 들어 전 세계
적으로 부익부 빈익빈의 양극화가 심해지면서 기업의 사회적 역
할도 점점 중요해지고 있다. 아예 처음부터 이윤 추구보다는 이
웃을 돕기 위해 창업하는 사람도 등장한다. 그중 한 명이 캐주얼
신발 브랜드 '탐스'의 설립자인 블레이크 마이코스키다.

그가 여러 언론에 인터뷰한 내용에 따르면 2006년 초 그는 아
르헨티나를 여행하던 중 가난한 아이들이 맨 발로 먼 거리를 걸
어 다니는 것을 보고 이들에게 도움을 줄 방법을 생각하다가 회
사를 만들기로 했다. 그는 아르헨티나 전통 신발에서 영감을 받
아 편안하고 착용감이 뛰어난 탐스 제품들을 개발했다. 그리고
한 켤레 팔 때마다 또 다른 한 켤레를 빈국의 아이들에게 기부하
는 방식으로 회사를 운영했다.

탐스가 착한 기업으로 알려지면서 연예인을 비롯한 많은 유명
인이 탐스 슈즈를 구매해 신었다. 탐스를 착용한 이들의 사진과
동영상이 언론과 인터넷을 통해 퍼지면서 선풍적인 인기를 끌었
다. 6개월도 되지 않아 1만 켤레 판매와 1만 켤레 기부가 실현됐
고 4년 만에 전 세계적으로 100만 켤레가 팔리는 기적이 일어났
다. 블레이크 마이코스키는 아이템을 신발에서 안경으로 확대하
며 착한 기업의 면모를 이어가고 있다.

단순한 기부를 넘어 환경을 고려한 창업자도 있다. 지난 2012

년 헤드폰 회사인 리슨(LSTN)을 설립한 브리짓 힐턴이 주인공이다. 청년 시절부터 음악계에 종사했던 그는 아름다운 음악을 듣지 못하는 이웃을 생각했다. 목재로 악기를 만든다는 점에 착안해 '나무 헤드폰'을 개발했다. 원목이 아니라 재활용 목재를 사용했다. 이는 일석삼조였다. 환경을 살리면서 희소성이 있는 고급 헤드폰을 싼 값에 만들 수 있었다는 점에서 그렇다. 리슨 헤드폰이 구현하는 음은 풍부하다는 평가를 받는다. 창업자가 오랜 기간 음악계에 종사했던 만큼 그 경험과 실력을 살려 개발했기 때문일 것이다.

브리짓 힐턴도 블레이크 마이코스키처럼 헤드폰을 하나 팔 때마다 가난한 국가의 청각 장애인들에게 보청기 구매 비용을 지원하고 있다. 기부 재단을 통해 세계 각국의 가난한 청각 장애인들에게 전달한 보청기가 벌써 수만 개에 달한다. 브리짓 힐턴은 매일경제와 가진 인터뷰에서 창업 동기에 대해 이렇게 말했다.

"내 인생에서 너무 중요했지만 당연하게 여겨졌던 음악이 청각장애인 3억 6,000만 명에겐 그렇지 못하다는 것을 우연히 알게 됐어요. 청각장애인 중 95%는 보청기가 있으면 소리를 들을 수 있다는 말을 듣고 보청기를 기부할 돈을 벌어야 한다는 생각으로 사업을 시작한 겁니다."

블레이크 마이코스키와 브리짓 힐턴 사례는 기업가가 숭고한 단계에 오르는 방법을 알려준다. 기부와 사회공헌은 기업을 빛나게 만든다. 무형의 수익을 창출하기 때문이다. 경영자 자신의 보람과 기쁨도 그중 하나다.

스페인 작가 후안 마누엘의 '발가벗긴 채 쫓겨난 영주' 이야기는 인생에서 정말 중요한 것이 무엇인지 생각하게 만드는 우화다. 착한 기업을 만들고자 하는 최고경영자라면 고개를 끄떡일 내용이기도 하다.

해마다 새로운 영주를 뽑는 관습을 가진 곳이 있었다. 사람들은 누가 영주로 뽑히든 통치기간 동안에는 그가 명령하는 것을 무엇이든 따랐다. 하지만 임기가 끝난 영주는 모든 것을 빼앗기고 발가벗겨져 무인도로 쫓겨나야 했다.

그러던 중 현명하고 지혜로운 사람이 영주로 뽑혔다. 그 역시 한 해가 지나면 앞서 다른 영주들과 마찬가지로 무인도로 쫓겨날 것이었다. 그는 임기가 완료되기 전에 자신이 평생 기거해야 할 그 무인도를 아름답고 완벽하게 꾸며 놓았다. 생활에 필요한 모든 편의시설과 생활필수품을 갖추어 놓으라고 측근들에게 은밀하게 명령했다.

그의 통치 기간이 끝나자 사람들은 관습대로 그의 영지를 다시 거두어 들였다. 또 그를 발가벗겨 섬으로 내쫓았다. 그러나 그는 이미 무인도에 지어놓은 좋은 집에서 부족함 없이 행복하게 살 수 있었다.

1년간 통치할 왕국이 한 평생의 삶이라면 무인도는 영혼이 영원히 머물 장소를 뜻한다. 아무리 수익 기반이 튼튼한 기업이라도 언젠가는 문을 닫게 마련이다. 사람의 일생과 크게 다르지 않다. 통치 기간이 유한한 왕국에 불과할 뿐이다.

결국 영원히 남는 것은 불우한 이웃을 위한 기부와 선행이 아닐까? 기업의 사회적 책임과 공유가치 창출이 생각하는 것보다 훨씬 근원적이면서도 중요한 경영 활동일 수 있다는 점을 다시 생각해 보길 바란다.

15   완벽한 경영자에 대한 추억

　스티브 잡스가 세상을 떠난 직후인 2011년 10월 출간된 월터 아이작슨의《스티브 잡스》에는 아이폰이 명품이 된 배경과 관련해 눈길을 끄는 대목이 나온다. 한 인터뷰에서 잡스가 말한 내용이다.

　"서랍장을 아름답게 만들려고 하는 목수는 서랍장 뒤쪽이 벽을 향한다고 해서 싸구려 합판을 사용하지 않는다. (다른 사람은 인지하지 못한다고 해도) 목수 자신은 그것을 잘 알기 때문이다. 보이지 않는 뒤쪽에도 좋은 나무를 써야 밤에 잠을 제대로 잘 수 있고 아름다움과 품위를 끝까지 추구할 수 있다."

　아이폰이 첫 선을 보였을 때 단순한 가전제품이 아니라 '완벽한 작품'이라는 평가를 받았던 것은 잡스의 이런 철학과 무관하지 않다. 잡스는 아이폰의 앞면뿐 아니라 뒷면 디자인에도 엄청나게 공을 들였다. 심지어 사용자의 눈에 보이지 않는 내부 회로까지 예쁘게 설계했다고 하니 완벽에 대한 잡스의 열정이 어느 정도였는지 짐작할 만하다.

완벽을 추구하는 성향에서는 삼성 이건희 회장도 타의추종을 불허한다. 한 가지 사물이나 사안에 대한 그의 집중력은 잘 알려진 사실이다. 심지어 '편집광적'이라고 말하는 이도 있다. 그는 한 번 관심을 가진 물건이나 주제는 그 본질을 꿰뚫어볼 때까지 결코 멈추지 않는다.

이와 관련해 가장 많이 회자되는 얘기는 이 회장의 남다른 영화 감상법이다. 그는 한 영화를 수없이 반복해서 본다고 한다. 처음에는 주인공 입장에서, 그 다음에는 조연 배우 시각에서, 세 번째는 아주 작은 역할을 담당한 출연자 눈으로 영화를 본다. 여러 각도에서 감상하다 보면 영화의 줄거리뿐 아니라 숨겨진 세부 내용까지 파악하게 된다. 영화를 만든 감독보다 더 완벽하게 이해하는 수준에 도달하는 것이다.

완벽을 추구하는 이 회장의 이런 성향은 삼성그룹 경영에서도 나타났다. 이 회장은 매년 실시하는 신제품 품평회에서 담당 연구원이나 그 분야를 총괄하는 최고경영자조차 간과했던 점을 지적해 간담을 서늘하게 만들곤 했다. 삼성전자에서 '황의 법칙'을 만들고 2014년 KT 회장에 취임한 황창규 사장과 정보통신부 장관을 지낸 진대제 사장도 완벽주의자인 이 회장의 질책을 피하지 못했다고 한다.

삼성그룹 관계자의 전언에 따라 품평회 장면을 재구성해 보면 대략 이런 식이다. 이 회장은 제품을 둘러보다 가전 담당 사장에게 이렇게 묻는다.

"K사장은 지금 집에서 무슨 TV를 시청하고 있나?"

"예, 최근 출시된 삼성 TV를 보고 있습니다."

"내가 1년 전에 소니 제품을 구입해서 보라고 하지 않았던가?"

"…."

"우리 TV의 장단점을 제대로 알려면 경쟁사 제품을 100% 파악해야 하는 것 아닌가? 우리 것만 봐 가지고는 어떻게 최고 제품을 만들 수 있다는 말인가?"

완벽한 경영자가 되려면 어느 정도까지 철저해야 하는지 알려주는 이야기가 있다. 《장자 외편》 '달생'에 수록된 목수와 관련된 우화다.

'경'이라는 이름을 가진 목수가 있었다. 그는 '거'라고 하는 악기걸이를 만들었다. 그것을 본 사람들은 그 완성도에 감탄했다. 어느 날 노나라 제후가 그 비결을 물었다. 이에 목수는 다음과 같이 대답했다.

"저는 물건을 만드는 장인일 뿐입니다. 다만 한 가지를 반드시 실천합니다. '거'를 만들기에 앞서 기력을 소모하지 않습니다. 부정을 멀리하고 심신을 깨끗하게 유지합니다. 이렇게 3일을 지내면 상으로 받을 물건이나 작록(爵祿)에 대한 생각을 잊게 됩니다. 5일이 지나면 만든 작품에 대한 세간의 칭찬이나 비난에 신경 쓰지 않는 수준에 이르지요. 7일이 지난 후에는 나의 팔과 다리, 몸이 있음을 망각합니다. 이 단계에 이르면 조정의 일도 잊고, 각종 기교 같은 외부 요인에서 자유로워지는 겁니다. 그런 뒤에 숲으로 들어가 이를 데 없이 아름다운 나무를 찾습니다. 그 나무를 보고 있으면 '거'가 완성될 모양이 저절로 드러나는데 그때 비로소 작업에 들어가죠. 만약 그렇지 않다면 일을 그만 둡니다. 나무의 자연스러움과 나의 자연스러움이 합치되는 순간 작품이 탄생합니다. 제가 만든 '거'가 귀신같다고 말하는 것은 이런 과정을 거치기 때문일 겁니다."

같은 문헌인 《장자》에 나오는 '매미 잡는 곱사등이'도 비슷한 사람이다.

한 곱사등이가 수많은 연습 끝에 손으로 줍듯이 매미를 잡는 솜씨에 도달한다. 그 경지를 묻는 공자에게 그는 다음과 같이 설명한다.

"저는 몸을 정지시켜 말뚝이나 나뭇등걸처럼 꼼짝 않게 하고 팔을 마른 나뭇가지처럼 하여 매미를 잡습니다. 비록 천지가 크고 만물의 종류가 많다 하여도 오직 매미의 날개만을 알게 됩니다. 저는 매미를 잡을 때는 옆을 돌아보거나 몸을 돌리지 않으며 어떤 일에도 매미 날개에 대한 일념을 빼앗기지 않습니다. 그런데 어떻게 매미가 잡히지 않겠습니까?"

이 말을 들은 공자는 제자들을 보며 말했다.

"뜻을 모아 마음을 흩뜨리지 않는다면 신의 경지에 이른다고 했는데 바로 저 곱사등이를 두고 하는 말 같구나!"

큰 기업을 일군 경영자들은 정도의 차이가 있을 뿐 한 결 같이 완벽을 추구한다. 이런 성향을 타고난 사람도 있지만 끊임없는 노력으로 그 경지에 오른 경영자들이 더 많다. 이들이 던지는 교훈은 하나다.

"작은 일에도 집중해 완성도를 높이려는 자세가 결국 큰 차이를 만든다. 지금 하고 있는 일에 온신의 힘을 기울여 집중하라. 장자가 말하는 목수와 곱사등이처럼."

Part 2

위기를 기회로
돌리는 힘

01 징후를 못 보면 장님과 다름없다

'징후'를 파악하지 못하면 잘 나가던 기업도 하루아침에 망할 수 있다. 자신이 하고 있는 비즈니스에 치명적 영향을 줄 수 있는 징후라면 더 그렇다. 한 때 잘 나갔고 요즘에도 그럭저럭 돈을 벌고 있는 '스타벅스'와 '카페베네' 같은 커피 프랜차이즈들을 예로 들어 보자.

커피 프랜차이즈는 커피믹스에 길들여졌던 사람들이 원두커피로 기호를 업그레이드하며 승승장구했다. 이제는 주택가 골목길에서도 심심치 않게 커피 프랜차이즈를 볼 수 있다. 강남이나 종로대로에만 있었던 시절에 비하면 상전벽해(桑田碧海)나 다름없다. 하지만 커피 프랜차이즈를 위협하는 징후가 나타나고 있다. 핸드드립커피나 더치커피 같이 더 고급스런 맛을 찾는 인구가 급증하고 있다는 사실이다.

이것이 의미하는 바가 무엇일까. 앞으로 커피 프랜차이즈를 찾는 사람이 줄어들 것이라는 점이다. 대신 핸드드립이나 더치커피 전문점이 인기를 끌 가능성이 높다.

그렇다면 커피 프랜차이즈 사업을 하는 사람은 어떻게 대응해야 할까. 프랜차이즈 본사는 가맹점을 더 늘리지 말아야 하고, 점포를 운영하는 사업자는 더치 또는 핸드드립커피를 취급하거나 커피 원료 및 도구 판매 쪽으로 비중을 늘려야 하지 않을까.

하지만 징후를 알고 있으면서도 이를 심각하게 생각하지 않는 사업가들이 더 많다. 심각하게 생각했다 하더라도 행동으로 옮기는 사례는 드물다. 대부분의 사업가들은 징후가 눈앞의 현실이 되고 나서야 발을 동동 구른다.

여기에 딱 맞는 우화가 있다. 후안 마누엘의 '아마 씨의 위험을 피한 제비' 이야기다.

지혜로운 제비 한 마리가 어떤 사람이 밭에 아마 씨를 뿌리는 것을 보았다. 제비는 아마가 자라면 새 잡는 그물이나 올가미를 만드는 데 쓰일 것을 알았다. 아마는 의복이나 장식용 레이스, 자루, 재봉실로도 쓰이지만 물고기나 새를 잡는 망으로도 많이 사용된다. 제비는 동료 새들에게 "아마 씨가 자라면 큰 해를 입게 될 것임이 틀림없다"고 말하며 씨가 싹트기 전에 밭으로 가 씨를 다 파헤쳐 버리자고 제안했다.

그러나 다른 새들은 그 말을 농담으로 여기고 받아들이지 않으려 했다. 제비는 끈질기게 설득했지만 신경도 쓰지 않았다. 어떤 새들은 무서운 징후를 전하는 제비를 비웃으며 들은 체 만체 했다.

시간이 흘러 아마가 싹이 터서 더 이상 새들이 파헤칠 수 없게 됐다. 그 때서야 새들은 아마가 다 자라면 해를 입게 될 것이고, 이제는 그것을 피할 도리가 없다는 사실을 깨달았다. 제비의 말을 듣지 않은 것을 후회했지만 이미 때는 늦었던 것이다.

그렇다면 현명한 제비는 어떻게 했을까. 그는 사람들에게 날아가 그들의 보호 아래 있기로 했다. 징후를 피할 수 없다면 역발상으로 위기를 피할 수 있다고 판단한 것이다. 그의 예상은 적중했다. 다른 새들이 아마로 만든 그물망에 잡혀 죽거나 상처를 입고 있을 때 제비는 사람들이 마련해 준 안전한 둥지에서 편안한 삶을 살았다.

1970년대 우리나라 경제를 이끌었던 섬유업체들은 징후를 파악하지 못해 몰락한 대표적인 사례다. 대다수 섬유업체들이 저임

금을 무기로 급성장한 '중국'이라는 존재를 무시했다.

바로 이때 국내 섬유업계에도 한 마리의 지혜로운 제비가 나타난다. 김동녕 한세예스24홀딩스 회장이다. 그는 28세에 창업했다가 1979년 제2차 오일쇼크로 부도를 냈다. 이 경험으로 그는 안 좋은 징후를 파악하는 '지혜'와 '혜안'을 얻었다. 첫 사업에서 쓴 맛을 보았지만 김 회장은 1982년 한세실업을 창업해 외환위기와 금융위기 같은 큰 불황을 뚫고 연 매출 1조 원이 훌쩍 넘는 세계적 의류 기업을 일궜다. 미국인 3명 중 1명이 한세실업이 만든 옷을 입고, 1초에 5벌씩 판매한다고 하니 대단한 기업이라고 할 수 있다.

한세실업의 성공 비결은 지혜로운 제비 같이 징후를 먼저 읽고 재빨리 대응했다는 데 있다. 국내 생산으로는 원가 경쟁을 할 수 없다고 판단해 베트남을 비롯한 동남아와 중남미로 생산기지를 적극 이전한 것이 다른 섬유업체들이 문을 닫을 때 계속 성장할 수 있었던 요인이다.

아마 김 회장은 국내 생산만 고집하면 큰 위험이 닥칠 수 있다는 경고를 동료 사업가에게 여러 번 전했을 것이다. 지혜로운 제비처럼 말이다. 그럼에도 대부분의 국내 섬유업체 경영자들은 그것을 심각하게 받아들이지 않았다. 그 결과 그들은 아마로 만든 그물망 때문에 몰락한 새들 꼴이 되고 말았던 것이다.

02 과욕과 자가당착의 비참한 결말

한 때 재계 5위까지 올랐던 동양그룹의 주요 계열사들이 법정관리에 들어가며 적지 않은 사람들이 피해를 봤다. 특히 이런 사태가 올 것을 예상하지 못하고 동양그룹 계열사 회사채나 기업어음(CP)에 투자한 사람들의 타격이 컸다. 동양증권을 통해 판매된 투자부적격 등급(투기등급) 회사채와 CP는 1조 6,000억 원에 달했다.

이 사안을 조사한 국정감사 자료에 따르면 동양그룹은 법정관리를 신청하기 1년 전부터 회사채와 CP를 집중 발행한 것으로 드러났다. 2009년부터 2013년 9월까지 5년간 발행한 회사채는 3조 2,529억 원, CP는 15조 8,871억 원으로 총 19조 1,400억 원에 달했다. 이중 30% 가량인 5조 7,656억 원은 법정관리에 들어가기 직전 1년 동안 발행된 것으로 파악됐다.

동양그룹이 어렵다는 소문이 났음에도 불구하고 짧은 기간 안에 이 정도의 회사채와 CP가 유통될 수 있었던 것은 발행 주체와 투자자의 잇속이 맞아 떨어졌기 때문이다. 동양그룹 경영진은 자금 압박이 심했음에도 은행 등 금융권에서 대출을 받으면 경영 간섭을 받기 때문에 이를 피하려는 목적으로 고금리 회사채와 CP를 발행해야 했고 투자자들은 더 높은 수익을 위해 위험을 감수했던 것이다. 불행하게도 양측이 기대했던 목적은 발행사의 법정관리로 물거품이 되고 말았다.

동양그룹 사태를 보며 떠오르는 우화가 있다. 중국 아동문학가인 허궁차오가 쓴 '참기름을 훔친 늙은 쥐'가 그것이다.

스스로 영리하다고 여겼던 늙은 쥐는 어느 날 부엌에서 목이 긴 병에 담긴 참기름을 발견한다. 그는 병뚜껑을 물어뜯어 버리고 참기름을 먹으려 했다. 어떻게 해야 목이 긴 병속에 있는 기름을 먹을 수 있을까 궁리하다 자신의 긴 꼬리를 활용하기로 했다.

그는 꼬리를 병속으로 넣어 참기름을 흠뻑 적셨다. 늙은 쥐는 "역시 나는 똑똑하고 아주 훌륭한 꼬리까지 가지고 있다"고 생각하며 꼬리에 묻은 참기름을 핥아 먹었다. 그는 꼬리를 이용해 거의 매일 참기름을 훔쳤다.

그러다 보니 부엌에서 쥐구멍까지 한 줄기 긴 참기름 길이 났다. 그것을 본 고양이는 쥐구멍을 발견하고는 구멍 앞을 지켰다. 하루는 늙은 쥐가 꼬리에 유독 많은 기름을 적셔 집으로 향했다. 새끼 쥐들에게도 고소한 참기름 맛을 보여주고 싶어 많은 양을 적셨던 것이다.

마침 그때 쥐구멍을 지키고 있던 고양이가 덮쳤다. 늙은 쥐는 재빨리 쥐구멍으로 들어가려고 했지만 꼬리에 잔뜩 묻은 참기름 무게 때문에 민첩하게 움직일 수 없었다. 그래도 있는 힘껏 달아난 덕분에 몸은 구멍 속으로 들어갔다. 문제는 꼬리였다. 기름이 묻은 꼬리는 바닥에 끌려 마음대로 움직여지지 않았다. 고양이에게 꼬리를 잡힌 늙은 쥐는 몸통까지 끌려 나왔다. 고양이에게 물려 죽게 된 쥐는 자랑스럽게 생각했던 꼬리를 보며 삿대질을 했다.

"나쁜 꼬리야. 너 때문에 내가 죽게 됐잖아!"

이 말을 들은 고양이는 쥐에게 이렇게 말했다.

"꼬리를 칭찬할 때는 언제고 이제 와서 꼬리를 욕하는 것이냐? 네가 참기름을 훔치는 나쁜 짓을 했다는 것은 뉘우치지 않고? 너는 꼬리 때문이 아니라 나쁜 짓 때문에 목숨을 잃게 된 거야!"

자가당착에 빠져 비참한 최후를 맞은 늙은 쥐는 회사채와 CP의 달콤한 유혹에 빠져 투자자에 대한 책임을 망각했을 뿐 아니라 스스로도 나락으로 떨어진 동양그룹 경영진과 닮았다.

세상에 공짜는 없다. 아무리 기업 경영을 잘해도 반드시 실수하기 마련이다. 실수를 실수로 아느냐 아니면 그렇지 못하느냐, 더 큰 위기가 오기 전에 잘못을 깨닫느냐, 몰락을 눈앞에 두고 실패를 인지하느냐의 차이일 뿐이다. 주역을 비롯해 동양철학의 기본 원리는 '가장 완전한 순간이 제일 나쁜 시기'라는 것이다. 달도 차면 기운다고 하지 않았던가.

늙은 쥐가 욕심을 적당히 채우고 일찍 훔치는 행위를 멈췄다면 참기름을 더 많이 맛보지는 못했겠지만 최소한 고양이에게 잡아먹히지는 않았을 것이다. 동양그룹 총수와 경영진이 회사채와 CP 발행으로 경영난을 임시로 피하는 길을 선택하는 대신 잇따른 경영 실패를 솔직하게 인정하고 적절한 시기에 구조조정을 단행했다면 큰 굴욕은 면하지 않았을까.

03 자기 확신과 무한 긍정의 함정

"우리 기술은 업계 최고 수준입니다."

"세계 최초 기술이라 곧 수백, 수천억 원대 매출이 가능할 겁니다. 궁극적으로 조 단위 매출도 올릴 수 있지요."

신기술을 기반으로 창업한 기업 대표들을 인터뷰하며 가장 많이 듣는 말이다. 이들 중 몇몇은 자신이 보유한 기술의 성공 가능성을 지나치게 확신해 듣는 사람 입장에서는 오히려 의심과 거부감까지 갖게 만든다.

연료저감 장치가 고유가 시대의 대안으로 한창 주목을 받았던 1990년대 말, '획기적 제품을 개발했다'며 기자에게 접근했던 한 중소기업 사장이 이런 사례에 속한다. 그는 자신이 최고의 연료저감 제품을 만들었다며 꼭 취재를 해 달라고 부탁했다. 간절한 요청에 못 이겨 그 회사를 방문해 보니 그의 설명과는 완전히 달랐다. 사무실도 변변치 않았고 공장도 없었다. 카센터 규모의 작은 작업실에서 주먹구구식으로 제품을 만들었다.

그럼에도 불구하고 그 사장은 최고 기술을 적용한 제품이라고 강변했고 스스로도 정말 그렇다고 믿는 것 같았다. 연료저감 분야에 문외한이었던 사람이 봐도 바로 알 수 있는 '진실'을 그는 극구 부인했다. 그때 본 제품을 그 이후 시장에서 한 번도 보지 못했다.

정도의 차이가 있을지 몰라도 엔지니어 출신 경영자 중에는 스스로 추진하는 사업이 꼭 성공할 것으로 확신하는 사람이 적지 않다. 이른바 '무한 낙관'에 빠진 기업가들이다. 강력한 추진력을 보이기 위해선 어느 정도 낙관적인 태도가 필요하지만 그것이 지나치면 제 3자의 눈에는 분명하게 보이는 것조차 인정하지 않는 잘못을 범할 수 있다. 프랑스 작가 라퐁텐의 '말과 늑대'에 나오는 늑대는 무한 낙관이 얼마나 치명적일 수 있는지 보여준다.

생각이 많은 늑대가 있었다. 보통 늑대는 배가 고프면 주변에 양이나 토끼 같은 사냥감에 바로 덤벼들지만, 이 늑대는 좀 더 효과적으로 잡는 방법을 찾으려 했다. 어느 날 늑대는 말을 잡아먹어야겠다는 생각을 했다. 문제는 말이 늑대보다 몸집도 크고 빠르다는 사실이었다. 그래서 그때까지 말을 잡아먹었던 늑대는 없었다. 하지만 이 특별한 늑대는 생각이 달랐다.

"나는 말을 잡아먹을 수 있어. 난 창조적인 늑대니까."

이제 늑대의 눈에는 초원을 달리는 말이 커다란 고깃덩어리로 보였다. 그는 어떻게 하면 말을 잡을 수 있을까 궁리했다.

"말은 양과 달리 우리보다 빨리 달리지. 그러니 그냥 쫓아가면 잡을 수 없어. 매복하고 있다가 덮친다 하더라도 큰 몸에 부딪치면 위험하지."

만약 여기서 생각을 멈추고 그냥 닭장에 있는 닭이나 잡아먹자는 결론을 내렸다면 보통 늑대와 다를 바 없었을 것이다. 하지만 과대망상에 빠진 이 늑대는 현실과는 관계없이 낙관적인 상상에 빠졌다.

"일단 접근해서 어떻게든 다리를 공격해야 해. 말은 저 큰 몸을 가느다란 다리에 의지하고 있어 남다른 신경을 쓰고 있을 테니 의사라고 속이고 접근해야겠어. 다리에 이상이 있는 것 같다고 말하면 방심하고 다리를 보여주겠지? 그때 정강이를 물어뜯으면 쉽게 잡을 수 있을 거야. 성공한다면 늑대 역사상 최초로 말을 잡았다는 명예를 얻을 수도 있겠지. 물론 배도 든든하게 채울 수 있을 것이고."

이런 궁리 끝에 그는 말에게 말을 건넸다. 늑대의 속셈을 파악한 말은 이번 기회에 늑대를 혼내 주려고 생각했다.

"그래, 어디 한번 봐봐."

늑대가 말의 뒷다리 근처로 갔을 때 말은 늑대를 힘껏 차 버렸다. 늑대는 허공에 붕 떴고 말을 잡겠다던 희망도 자신의 몸과 더불어 날아가 버렸다.

자기 확신과 무한 긍정은 일부 벤처나 중소기업 경영자에게만 국한된 얘기는 아니다. 2000년대 중반 삼성전자는 시속 100㎞ 이상 달리는 버스나 기차에서도 끊김 없는 데이터 통신이 가능한 '와이브로'라는 기술로 세계를 제패할 것이라고 장담했다. 그러나 와이브로는 기대만큼 보급되지 못했다. 와이브로 개발과 보급을 위해 사용한 투자금만 낭비됐다.

SK텔레콤도 비슷한 실수를 범했다. 위성DMB 사업이 그것이다. SK텔레콤 경영진들은 이 사업의 성공을 확신했다. 하지만 다른 경쟁 서비스들이 나오면서 수익을 내지 못하고 결국 사업을 접고 말았다.

모든 사업이 성공할 수는 없다. 그렇다 하더라도 성공에 대한 지나친 낙관은 금물이다. 최고경영자들은 성공의 청사진과 더불어 스스로 의심해 보고 다양한 실패 가능성도 상상해 보는 습관이 필요하다.

04 역량은 한 곳에 집중해야

1980~1990년대 IBM, 2000년대 중반 노키아는 공통점이 하나 있었다. 조직이 비대해지면서 회사 내 의사전달이 제대로 되지 않았고, 그러다 보니 막강한 인력과 재원을 가지고 있으면서도 이렇다 할 성과를 내지 못했다는 점이다.

한 때 IBM의 전체 직원은 수십만 명에 달했다. 내로라하는 유능한 연구원들이 넘쳤다. 세계 최초, 최고 기술을 셀 수 없이 보유하고 있었다. 최신형 컴퓨터는 물론 하드디스크나 반도체 같은 신기술을 수도 없이 개발했고 어느 회사보다 많은 특허를 가지고 있었다.

하지만 거대 기업 IBM에는 큰 병이 있었다. 임직원들이 고객이나 회사 이익보다 개인의 성취에 몰두해 있었다는 사실이다. 그 결과 새로운 기술을 제품화해 이익을 극대화할 수 있는 기회를 놓치곤 했다. PC산업을 주도하는 기업이면서도 미래 핵심 기술이 될 운영체계(OS)는 마이크로소프트(MS)에, 마이크로칩은 인텔에 넘긴 게 대표적인 사례다. 이때 판단을 잘못하는 바람에 IBM은 이후 IT의 주도권을 MS와 인텔 등 신흥 강자에게 넘겨주는 수모를 당했다.

스마트폰이 휴대폰시장에서 급성장하는 동안 노키아가 보여준 모습은 IBM과 많이 닮았다. 노키아는 한때 전 세계 휴대폰 사용자 10명 중 3명이 자사 제품을 선택할 정도로 승승장구했다. 누구도 노키아가 몰락할 것이라고는 예상하지 못했다.

그러나 이런 노키아도 '관료화'의 병을 앓자 어쩔 수 없었다. 오랜 기간 안정적 글로벌 1등을 지속하다 보니 조직 탄력성이나 활발한 소통은 자취를 감췄다. 스마트폰이 빠른 속도로 기존 휴대폰(피처폰)을 대체하고 있는 상황에서 대응은 부지하세월이었다. 애플에 선수를 빼앗긴 2위 업체 삼성전자가 맹렬하게 애플을 추격한 것과 대조적이었다. 그 결과는 노키아는 참담한 종말을 맞이했다. MS로 대주주가 바뀐 것이다.

이처럼 많은 조직과 인력이 있지만 올바른 방향으로 힘을 한 곳에 모으지 않으면 낭패를 본다는 교훈을 전하는 우화가 있다.

라퐁텐의 '아홉 개의 머리를 가진 용'이라는 이야기다.

　터키 사신이 독일 황제를 찾았다. 당시 독일 황제는 각 지역 제후들을 모두 누르고 막 통일 대업을 이룬 상황이었다. 터키를 포함해 주변 국가에서 사신들과 많은 선물을 보냈다. 터키는 서방과 동방에 걸쳐 방대한 영토를 가진 대국이었다. 독일보다 훨씬 큰 나라였다. 이런 나라에서도 사신을 보냈으니 황제는 우쭐할 수밖에 없었다. 그는 터키 사신에게 말했다.

　"우리 독일엔 모두 24개의 지역 제후들이 각각 열 명의 호걸을 거느리며 성을 지키고 있다네."

　이 말을 듣고 터키 사신은 웃으면서 '아홉 개의 머리를 가진 용'에 대한 이야기를 들려줬다.

　"예전에 숲속에서 아홉 개의 머리를 가진 용을 만났지요. 그 용이 이빨을 드러내고 달려들 때 저는 '이젠 죽었구나' 하며 기절해 버렸답니다. 다시 깨어보니 아홉 개나 되는 머리가 큰 입을 벌리고 저를 삼키려 하고 있었습니다. 그런데 자세히 보니 용은 아홉 개의 머리를 각각 다른 나뭇가지 사이로 들이밀고 서로 저를 물려고 하고 있었습니다. 그러다 보니 목들이 나뭇가지 사이에 끼어 앞으로도 뒤로도 움직이지 못했지요. 하나의 머리가 앞으로 나가려고 하면 다른 머리들이 나뭇가지에 걸렸던 겁니다. 각 머리는 자기 뜻대로 되지 않자 서로 물어뜯기 시작했지요. 그것을 보며 저는 그곳에서 도망쳤습니다. 아홉 개의 머리를 가진 용이 그러했는데 만일 스물네 개나 되는 머리를 가진 용이 있으면 사태가 어떻게 되겠습니까? 혹시 독일의 숲속에도 그런 괴물이 살고 있진 않은지 모르겠네요?"

터키 사신의 이 질문을 경영자들은 한 번쯤 곱씹어 봐야 한다. 직원 개인이 자신의 이익만을 추구하기 위해 회사 전체가 가야 할 방향을 망각하고 있는 것은 아닐까. 부서 이기주의가 기업의 최종 목표를 잊고 눈앞의 작은 성과에만 매달리고 있는 것은 아닐까. 조직이 크고 인원이 많은 것이 오히려 의사소통을 방해하고 효율성과 생산성을 저해하고 있지는 않을까. 우리 회사엔 정말 '아홉 개의 머리를 가진 용'이 없다고 자신할 수 있을까. 특히 관료화 진행 속도가 빠른 삼성과 현대차, LG, SK 같은 대기업 최고경영자는 반드시 이러한 의문을 제기해 봐야 할 것 같다.

05 파멸의 부메랑으로 돌아오는 허풍경영

　2013년 8월 1일자 〈포브스〉는 1990년대 이후 미국에서 발생한 최악의 금융사건으로 엔론 사태를 꼽았다. 실체 없는 수익원을 장부에 기록했고 그것을 바탕으로 금융거래를 하며 무려 780억 달러의 돈이 허공으로 사라지게 만들었기 때문이다.

　엔론은 2001년 12월 2일 파산을 신청했다. 당시 2만 명이 넘는 종업원을 두고 있었고 가장 잘나가는 혁신 기업으로 명성이 높았다. 1980년대 후반까지는 천연가스와 전기를 주력으로 성장했지만 1990년대 들어 통신 분야로 사업을 다각화했다. 이 과정에서 막대한 자금을 투입했고 외형도 빠른 속도로 커졌다. 파산 직전해인 2000년 엔론은 매출이 1,000억 달러를 넘어선 것으로 보고했다.

엔론은 기업 마케팅과 홍보 이벤트를 통해 기존 사업뿐 아니라 신규 투자한 부문에서도 좋은 결과를 올리고 있다고 밝혔다. 회계 장부에도 건실한 경영을 펼친 것으로 보이게 기록했다. 여기에 현혹돼 미국 경제 잡지인 〈포춘〉을 비롯해 많은 매체들은 엔론의 혁신 경영을 찬양했다. 투자자들 역시 큰 이익을 기대하며 돈을 맡겼다.

하지만 파산 신청 4개월 전부터 이상한 소문이 돌기 시작했다. '엔론의 가치는 거품이며 실제로는 아무 것도 없다'고 경고하는 목소리가 높아졌다. 엔론을 믿었던 사람들은 설마 그럴 리가 없다며 반신반의했지만, 그 실체가 드러나며 염려가 현실이 됐다. 결국 엔론은 분식 회계로 세상을 속였고 더 이상 버틸 수 없게 되자 파산을 신청했던 것이다.

대부분의 자산은 부풀려져 있었고 일부는 전혀 없는 것을 있는 것으로 위장했다. 잘못된 투자로 본 천문학적 손실과 부채를 교묘한 분식 회계로 감췄던 것이다. 파장은 컸다. 엔론의 경영진은 물론 감사를 담당했던 회계법인도 파산했다. 이뿐 아니라 관계자들은 쇠고랑을 차거나 엄청난 벌금을 내는 신세로 전락했다.

이처럼 분식 회계는 밝혀지기 전까지는 달콤하지만 언젠가는 드러나게 마련이고, 그렇게 되면 파멸은 불가피하다. 분식은 일종의 허풍이다. 회계 장부를 통해 허풍을 떠는 것과 같다는 얘기다. 허풍으로 남을 속이는 일이 결국 자신을 죽인다는 교훈을 가장 잘 전하는 우화가 있다. 라퐁텐의 '허풍쟁이 원숭이'라는 이야기다.

사람들이 바다에 빠졌을 때 구출해 주는 것을 사명으로 여기는 거북이가 있었다. 그는 바다에서 배가 난파되면 바로 헤엄쳐 가서 사람을 태우고 해안으로 날랐다. 거북이는 사람들을 구해주면서 육지에서 사람들이 사는 이야기를 듣는 것을 즐겼다. 이 사실을 알고 있는 뱃사람들도 거북이에게 자신이 살았던 마을과 가족, 친구 등 여러 사연을 전해줬다.

어느 날 그리스 아테네 인근 바다에서 항해하던 배가 폭풍을 만나 난파됐다. 여느 때와 마찬가지로 거북이는 사고가 난 곳으로 가서 사람들을 구했다. 그런데 이 배에는 원숭이도 한 마리 타고 있었다. 당시에는 사람들이 여행의 무료함을 달래기 위해 배에 원숭이를 태우곤 했다.

한 사람씩 구하다가 이번엔 원숭이를 등에 업었다. 거북이는 원숭이에게도 많을 것을 물었다. 어디서 태어났고 살았던 마을 풍경은 어땠는지 질문은 끝이 없었다. 이에 원숭이도 신이 나서 대답했다.

"나는 순수 아테네 출생이지. 나는 아무 일도 하지 않아. 상류

계급이고 높은 사람들은 누구나 나를 알아. 만일 아테네에 오면 나를 찾아오게. 대접을 잘 해 줄게. 왕과 다른 도시의 귀족들도 소개해 주고 어디를 여행해도 귀빈 대접을 받게 해 줄게."

거북이는 감탄하며 듣고 있다가 여행 이야기가 나오자 눈을 반짝였다.

"예를 들면 어느 마을의 누구에게요?"

사실 원숭이는 아테네 외 마을의 명칭은 물론, 그곳에 사는 귀족 이름도 몰랐다. 하지만 거북이가 그것을 알지 못할 것이기 때문에 배가 난파하기 전에 사람들이 하던 말을 떠올리며 마구 떠벌였다.

"예컨대 오케아노스의 타라사 왕녀라든가."

이 말에 거북이는 깜짝 놀랐다. 오케아노스는 바다 속에 있는 왕국의 도시 이름이고 타라사 왕녀는 그곳의 공주였기 때문이다. 놀라움과 두려움에 안색이 변한 거북이는 생각했다.

'이런 자를 함부로 태우는 경솔한 짓을 하다가는 큰 코 다칠 수도 있겠지. 나 같은 놈이 구하러 나설 신분이 아니지. 일반 사람들과 생김새부터 다른 게 보통 고귀한 분이 아닐 거야. 만약 마음이 선한 자가 아니었다면 나는 지금 어떻게 됐을지도 몰라.'

거북이는 무서운 마음에 즉시 방향을 돌려 원숭이를 원래 있던 곳에 내려놓고 다른 사람을 살리기 위해 가 버렸다.

정직하지 못한 기업의 말로는 오직 한 가지뿐이다. 아무리 힘들다고 해도 장부를 분식하는 것은 자살 행위와 다름없다. 이런 측면에서 허풍쟁이 원숭이와 회계 장부를 속이는 기업은 크게 다르지 않다.

06 폭풍우가 몰아치면 모두 위험하다

2014년 초, 개인정보 대량 유출 사태로 신용카드사들이 다시 여론의 도마 위에 오르내린 일이 있었다. 카드대란 이후 10년 만이다.

이 사건은 정확하게 카드대란과 정반대 사유로 발생했다는 점에서 흥미를 더한다. 카드대란은 개인 신용정보가 극히 불투명하고, 이를 카드사들이 무분별한 카드 발행에 악용한 게 화근이었다. 반면 이 사태는 유리알처럼 투명한 개인정보를 금융기관들이 공유한 것이 문제를 키웠다. 그렇지 않았다면 거의 모든 국민이 피해자가 될 정도로 광범위하지는 않았을 것이다. 회원을 가장 많이 보유한 카드사가 정보유출의 주범이 아니었다는 점이 그나마

다행이었다. 이런 측면에서 카드대란 때보다는 후유증이 덜 했다.

카드대란은 모든 카드사가 예외 없이 사고를 쳤다. 특히 LG카드의 비상과 몰락은 그리스신화의 '이카루스'를 보는 듯했다. 당시 LG카드는 국내 최고의 카드사로 평가 받았다. 공격적인 영업으로 회원 모집과 매출, 이익에서 타의 추종을 불허했다.

당시 LG그룹 총수는 계열사 사장단 회의에서 LG카드를 높이 평가하며 "LG가 모든 분야에서 삼성에 뒤쳐지고 있는데 유독 LG카드만 앞서가고 있으니 다른 계열사 사장들이 이를 본받아야 할 것"이라고 강조했다는 일화는 유명하다. 신용카드 대란이 터질 것이라고 상상하지 못했던 때라 사람들은 LG그룹 총수의 지적이 적절하다고 생각했다.

'신용'이 전혀 검증되지 않은 사람들에게도 마구잡이로 신용카드를 발급하는 것에 대한 걱정의 목소리가 있었지만 당장 눈앞에 펼쳐지는 LG카드의 고공행진을 모든 카드사가 부러워했다. 분위기가 이렇다 보니 맞수인 삼성카드를 비롯해 다른 카드사들도 경쟁적으로 회원 늘리기에 급급했다. 그 결과 기존 빚을 갚기 위해 계속 카드를 만들어 현금서비스를 받는 이른바 '카드 빚 돌려막기'를 하는 악성 채무자들이 점점 늘었다.

부실이 커지면 감당할 수 있겠냐는 지적이 여기저기서 나왔지만 모든 카드사들은 적절한 조치를 마련해 놓았다고 장담했다.

금융당국도 이 말을 믿고 적극적인 조사에 나서지 않았다. 물론 다른 사정도 있었다. 정부가 내수 활성화 정책을 시행하고 있던 시기라 소비 활성화에 큰 역할을 하는 신용카드사들의 질주를 막을 수 없었다.

카드대란의 결과는 참담했다. 카드 연체율이 2000년 5%대에서 2003년 30% 가까이 급증했다. 신용불량자가 240만 명을 넘어섰고 채무불이행 비용이 수 십 조원에 달했다. 사건의 주범인 카드사들은 매각되거나 합병되는 등 극심한 구조조정을 겪었다. 삼성카드처럼 든든한 모기업을 가지고 있는 곳도 적지 않은 자금을 수혈 받았다. 모두 '나는 괜찮을 것'이라고 말했지만 어느 카드사도 안전하지 않았다.

카드대란은 위험이 예고되는 상황에서도 안이하게 대응하려는 기업들의 성향에 경종을 울린 사건이다. 이와 관련해 러시아 작가 크르일로프가 쓴 '참나무와 갈대'는 경영자들이 한 번쯤 음미해 볼 만한 우화다. 폭풍우가 몰아치면 누구도 안전할 수 없다는 게 이야기의 요지인데 이를 경영에 적용하면 근본적인 위기관리의 중요성을 새삼 깨닫게 것이다.

어느 날 참나무가 옆에 있는 갈대에게 연설했다.

"정말 너는 언제나 투덜거리기만 하는 구나. 참새 한 마리도 네게는 무거울 거야. 실바람 줄기가 일으킨 물 위 잔물결에도 너는 어지러워 흔들리지. 반면 나는 산처럼 당당히 서서 태양 빛을 막아내고 회오리와 천둥번개도 비웃으며 굳건히 버티고 있어. 절대 무너질 수 없는 거대한 담장을 치고 있다는 얘기지. 말하자면 너에게는 모든 게 폭풍이지만 나에게는 모든 것이 순풍이란 거야. 너를 위해 내가 그 비바람을 막아 줄 수 있고 나의 가지로 그늘을 만들어 줄 수도 있어. 그런데 너는 강기슭에만 의존하며 흔들리고 있으니 한심하구나."

이에 갈대가 대답했다.

"너는 자상도 하구나. 그러나 귀찮게 하지는 말아줘. 나에게 재난만 있는 것은 아니야. 나는 회오리바람도 무섭지 않아. 왜냐하면 나는 그 바람에 누울지언정 꺾이지는 않거든. 폭풍도 마찬가지야. 위협을 할 수는 있어도 나를 해치진 못해. 과연 너는 아주 큰 폭풍이 오면 안전할까?"

갈대의 말이 끝나기도 전에 갑자기 북쪽에서 요란한 소리와 함께 세찬 폭풍이 우박과 비를 몰고 왔다. 순간 참나무는 서서 버티고 갈대는 땅 끝에 납작하게 누웠다. 바람은 점점 세지고 거칠어져 포효했다. 결국 하늘을 향해 머리를 들고 있었던 참나무도, 땅으로 몸을 숙였던 갈대도 모두 뿌리째 뽑혀 나가고 말았다.

시장 전체가 잘못됐을 때는 1등 기업조차 살아남을 수 없다. 카드대란과 같이 잘못된 영업으로 업계 전체가 심각한 타격을 받거나 삐삐(무선호출기) 사례와 같이 수요가 갑자기 사라진다면, 해당 제품을 만들거나 관련 서비스를 하는 모든 기업이 몰락하는 일은 비즈니스 세계에서 흔히 일어날 수 있는 일이다.

　그래서 경영자들은 매 순간 근본적인 위험이 무엇인지 통찰해야 한다. 만약 카드대란이 일어나기 전에 LG카드 최고경영자가 이 진리를 깨달았다면 LG카드가 다른 회사(신한카드)로 넘어가는 수모를 피할 수 있었을 것이다.

07 가장 중요한 위험요소를 직시하라

'256K D램'

이건희 삼성 회장을 비롯한 초기 반도체 사업을 이끌었던 사람들은 이 말을 들으면 가슴이 뛴다. 삼성을 전 세계 메모리 반도체(D램)의 절대 강자로 우뚝 서게 만든 제품이기 때문이다. 하지만 256K D램이 삼성에게 큰 의미를 가질 수 있었던 것은 NEC를 비롯한 일본 업체들의 패착이 큰 역할을 했다.

삼성의 반도체 사업 기반을 다져놓은 이병철 회장이 타개한 이듬해인 1988년 삼성전자는 256K D램 생산에 총력을 기울였다. 이때 일본은 한 세대 앞선 1M(메가) D램을 주력 제품으로 밀고 있었다. 반도체산업은 1등이 수익을 독차지하는 구조라는 점에서 이 전략은 당연한 것이었다.

그런데 여기에 변수가 생겼다. PC시장이 급속히 팽창하고 있었던 것이다. PC 판매가 짧은 기간 안에 큰 폭으로 늘면서 그 속에 들어가는 D램 수요도 폭발적으로 증가했다. 특이한 점은 PC 완제품 업체들에게 최고 사양의 D램보다는 보급형이 더 필요했다는 사실이다. 개인용 컴퓨터인 PC는 가격대가 낮아야 잘 팔리는데 고급 D램을 넣으면 많은 이익을 내기 힘들었다. 더욱이 PC에 용량이 큰 메모리 반도체를 넣을 필요성도 낮았다. PC 구매자들은 메모리 용량이나 성능이 다소 떨어져도 가격대가 낮은 제품을 더 원했다.

이런 시장의 요구 때문에 PC업체들은 자연스럽게 한 세대 늦었지만 값은 훨씬 싼 삼성의 256K D램에 눈길을 돌렸다. 반도체 분야에서 세계 최고 기술력을 자랑하던 일본 업체들은 후발 주자인 삼성에 물을 먹으면서 몇 년 뒤엔 결국 메모리 반도체 시장의 선두 자리를 빼앗기는 수모를 겪는다.

그렇다면 일본 업체들이 오판하게 된 이유는 무엇일까? 1등 기업의 치명적인 위험인 '지나친 자신감'을 가지고 있었다는 점이다. 사람들은 자신이 가장 잘하는 일을 하다가 돌이킬 수 없는 실수를 한다. 사업을 잘하는 사람은 결국 사업을 하다가 망하기 쉽다. 수영에 자신이 있다고 생각하는 사람이 물에 빠져 죽을 확률이 높다. 1980년대 일본 반도체 업체들 역시 최고 기술력을 너무 자신한 탓에 기회를 놓치는 잘못을 범하게 된 것이다.

'내 재주나 능력이 최고'라는 자부심이 패망의 요인이 될 수 있다는 교훈을 일깨워 주는 우화가 있다. 13세기 페르시아 작가인 사아디가 쓴 '독수리와 매'라는 우화다.

높은 하늘에 독수리와 매가 함께 날고 있었다. 독수리는 큰 날개를 편 채 한 자리에 머물러 있었고, 매는 바람을 타고 높이 솟구쳤다가 곤두박질쳤다 하면서 크게 맴을 돌았다. 독수리가 매에게 말했다.

"가만히 좀 있게. 그렇게 쉴 새 없이 움직이면 어떻게 아래를 볼 수 있겠나?"

"하지만 나는 땅에 무엇이 있는지 다 볼 수 있어. 자네 눈만큼 내 눈도 밝거든."

"그럼 뭐가 보이나?"

"저 아래 도시가 보이는군."

"그렇다면 저 골목 끝 집 담장 그늘에 누워 있는 개도 보이는 가?"

매는 그것까지는 보지 못했다. 그래서 밑으로 내려가 확인했다. 과연 담장 그늘에는 개가 있었다.

자존심이 상한 매가 다시 말했다.

"나는 저 도시 너머 멀리 펼쳐진 언덕과 개울, 초원을 볼 수 있지."

"그렇지만 내 밝은 눈을 따라오지는 못할 걸. 저 번들거리는 들쥐 눈알이 보이는가?"

매는 눈을 크게 떴지만 들쥐를 볼 수 없었다. 그래서 다시 내려가 보았다. 역시 들쥐가 보였다. 지기 싫었던 매는 다시 날아오르며 물었다.

"나는 들판 너머 농장과 그 가운데 작은 탁자가 보이는데 넌 볼 수 있어?"

이에 독수리는 대답했다.

"나는 탁자만 보이는 게 아니라 그 위에 놓인 밀 이삭도 보인다네."

"정말인가?"

"믿지 못하겠거든 가서 보자고."

그들은 농장으로 가서 탁자 위를 맴돌았다. 정말 작은 밀 이삭이 보였다. 독수리는 으스대며 말했다.

"이 세상에 나만큼 눈이 밝은 새는 없을 걸세. 그렇다고 언제나 높은 공중에 가만히 떠 있기만 하지는 않아. 때가 되면 자네처럼 민첩하게 아래로 내려가 먹이를 낚아챈다네. 내가 지금 저

밀 이삭을 하나 물어올 테니 보겠나?"

매가 위험하니 그러지 말라고 말렸지만 독수리는 벌써 아래로 내려가 이삭을 하나 물었다. 바로 그 순간 철커덕 하는 소리와 함께 철사줄이 튕겨 오르며 독수리 발을 낚아챘다. 독수리는 힘껏 날아올랐으나 올가미에 걸려 퍼덕거리기만 했다. 이 모습을 본 매가 바람을 타고 자유롭게 날아오르며 중얼거렸다.

"모든 새 중에 가장 밝은 눈을 가졌지만 올가미를 보지 못한다면 그 눈이 무슨 소용이 있단 말인가?"

IT와 조선, 철강 등 한국 기업들은 여러 분야에서 세계시장을 주도하고 있다. 그러다 보니 기술력과 브랜드 가치에 대해 자부심을 가지고 있다. 그러나 바로 이런 태도에 치명적인 위기 요인이 숨어 있다. 그것을 보지 못하면 어느 순간 후발 기업들이 발을 낚아채고 앞서 나갈 것이다. 가장 눈이 밝지만 꼭 봐야 할 것을 보지 못해 망한 독수리가 될 것일까? 아니면 시력은 독수리만 못하지만 계속 하늘을 맴돌며 가장 치명적인 것이 무엇인지 조심스럽게 살피는 매가 될 것인가? 어느 분야든 최고 자리에 있다고 생각하는 사람들이 자문해야 할 문제다.

08 부서 이기주의의 종말

소니가 몰락한 이유를 분석할 때 가장 많이 언급된 경영학 용어가 있다. '사일로 효과'라는 것이다. 사일로는 곡식이나 사료를 저장해 두는 굴뚝 모양의 칸막이 창고를 말하는데 경영학에 원용되면서 기업 내 조직이나 부서가 서로 교류하려 하지 않고 담을 쌓은 채 내부 이익만 추구하는 현상을 설명하는 것으로 바뀌었다.

사일로 효과에 빠진 기업은 개별 조직과 부서 차원에서는 열심히 일하는 것 같지만 회사 전체의 조화와 시너지는 떨어진다. 특히 사업부서 간 협업을 통해 이뤄야 할 혁신이나 신 성장동력을 찾기가 힘들어지면서 회사 전체를 점점 쪼그라들게 하는 함정에 빠진다. 세계 가전업계를 주도하던 소니가 점점 쇠락한 주요 이유 중 하나가 바로 '사일로 효과' 때문이었다.

사일로 효과를 가장 극단적으로 보여주는 곳이 관료 조직이다. 규모가 방대한 데다 기업처럼 부서 이기주의를 조정할 최고경영자의 힘이 약하기 때문이다. 관료 조직의 최고경영자는 장관이나 총리, 대통령인데 임기가 길어야 4~5년인 이들이 관료 사회의 뿌리 깊은 부처 이기주의를 타파하기에는 역부족이다. 역대 모든 정권이 공무원 조직을 새롭게 바꿔 보려고 노력했지만 실패 또는 부분적 성과에 그친 것이 이를 말해 준다.

기업의 인사 담당자들을 가장 골치 아프게 하는 것도 유능한 직원을 가급적 많이 받고자 하는 부서장들의 이기적 경쟁을 조율하는 일이다. 일 잘하는 사람을 확보할수록 좋을 실적을 낼 수 있기 때문에 부서장들은 이 사안에 대해서만은 양보하지 않으려 한다.

인재를 놓고 서로 다투는 바람에 제대로 인사 조치를 하지 못하는 일도 종종 생긴다. 모든 부서장은 회사 이익과 발전을 위해 이런 저런 사람이 꼭 필요하다고 주장하지만 그 기저엔 분명 '부서 이기주의'가 도사리고 있다.

부서 이기주의는 몸집이 크고 사업부가 많은 기업일수록 심한 편이다. 임직원이 얼마 되지 않는 중소기업은 서로 얼굴을 알고 다른 부서의 사정도 잘 파악하고 있어 부서 이기주의로 인한 갈등이 덜 하다. 반면 대기업은 자신이 속한 사업부 또는 부서가 아닌 사람들을 잘 모른다. 그래서 다른 조직까지 챙길 여력이 없다.

부서 이기주의는 비효율과 낭비, 개혁의 어려움이라는 폐해로 이어진다. 소니뿐 아니라 한 때 전 세계시장을 이끌었던 굴지의 기업 중에 관료 조직에서나 볼 수 있는 '부서 이기주의'에 빠져 급변하는 시장 상황에 대응하지 못한 게 원인이 돼 몰락한 곳이 적지 않다. 부서 이기주의가 얼마나 해로운 것인지는 라퐁텐의 '뱀의 대가리와 꼬리'라는 이야기가 잘 표현하고 있다.

산속 길 한 가운데에서 뱀의 대가리와 꼬리가 서로 다투고 있다. 대가리가 꼬리에게 말했다.

"꼬리 주제에 제멋대로 움직이지 마. 넌 내가 가는대로 따라와야 돼."

이에 대해 꼬리가 반박했다.

"너야 말로 때로는 내게 맞춰 줘야 하잖아. 나는 아무 말 없이 무조건 너 하는 대로 따랐지만 오늘만은 내가 가고 싶은 곳으로 갈 거야. 도대체 너는 내 의견을 들어준 적이 한 번도 없었어."

"그렇지만 너는 눈이 없잖아. 너에게 행선지를 맡기면 위험하기 짝이 없어. 내가 행선지를 정하고 너는 뒤에서 밀게 돼 있는 거잖아. 뱀의 꼬리로 태어난 이상 어쩔 수 없어."

"무슨 소리야, 우리는 땅바닥을 기면서 사는 동물이야. 중요한 것은 대지를 몸으로 느끼는 거야. 나는 눈이 없는 대신 대지를 느끼는 감각은 너보다 몇 배 예민하다고. 그런 내 감각이 너의 판단을 뒷받침하고 있는 걸 모르니?"

이렇게 싸우고 있을 때 참다못한 몸통이 말했다.

"적당히 좀 해라. 대가리든 꼬리든 내가 없으면 아무 일도 못해. 내가 볼 때 대가리는 주위를 힐끔거릴 뿐이고 꼬리는 그저 질질 끌려가고만 있어. 대가리가 행선지를 정하고 꼬리가 판단을 뒷받침한다는 얘기는 웃기는 소리지. 이 몸통이 열심히 꿈틀거리지 않으면 앞으로도 뒤로도 가지 못해. 그러니 너희는 장식에 불과해. 말싸움은 그만하고 내게 감사하고 미안한 마음을 갖도록 해라."

뱀의 대가리와 꼬리, 몸통이 다투고 있는 사이 태양은 쨍쨍 내리쪼였다. 뱀이 정신을 차렸을 때는 이미 메마른 땅바닥에 몸이 말라 비틀어져 움직일 수 없었다.

직장인을 대상으로 '의사소통을 가로 막는 요인이 무엇이냐'고 물어보면 상당수가 자기가 속한 부서의 이익만을 추구하는 사람들이나 분위기를 지적한다. 이 때문에 기업들은 부서 간 소통을 활발하게 하려는 방안을 찾는다. 여러 부서를 돌며 일하는 순환 근무제를 선택하거나 팀별 회의, 전체 워크숍은 모두 부서 이기주의를 극복하기 위한 활동이다.

그러나 부서 간 화합만 너무 강조하다 보면 경쟁이 주는 긍정적인 측면을 소홀히 할 수 있다. 다른 부서보다 더 좋은 실적을 내기 위해 치열한 경쟁을 벌이면서 회사 전체 실적이 향상되기 때문이다. 회사를 '사일로 효과'에 빠지게 할 것인가, 아니면 소통을 원활하게 유도하면서 동시에 적당한 수준의 부서 이기주의를 용인하는 방식으로 경쟁을 통한 시너지를 이룰 것인가는 최고경영자가 조직의 특성에 대해 얼마나 깊게 이해하고 있는가에 달려 있다.

09 어느 정도 위험을 감수해야 하나

"저희 그룹은 소재와 섬유와 관련이 있는 분야에 집중하고 있습니다. 그러다 보니 요즘 잘 나간다는 그룹처럼 외형을 키우지 못한 것이지요."

코오롱의 한 임원은 그룹의 규모를 묻자 잠시 머뭇거리며 이렇게 '변명 아닌 변명'을 늘어놓았다. '코오롱'이라는 브랜드 인지도와 명성에 비해 재계 순위가 낮은 것을 의식해서 한 말인 것 같았다.

사실 코오롱은 여전히 소재와 섬유 분야에서 경쟁력 있는 그룹이다. 한국전쟁이 끝난 직후 나일론을 처음 국내에 들여와 의류산업에 일대 혁신을 일으킨 곳이 바로 코오롱이다. 지금은 나일론이 별로 좋은 원단으로 여겨지지 않는다. 하지만 1950년대 전

후(戰後) 삶이 빈곤해 한 번 옷을 사면 가급적 오래 입어야 했던 시절엔 질긴 특성이 강한 나일론은 혁신적인 의류 소재였다.

1997년 외환위기 전까지 코오롱그룹은 적극적인 투자로 몸집을 키웠던 성장 기업에 속했다. 그러나 외환위기를 맞아 유동성 확보를 위해 현재 SK텔레콤이 된 신세기통신 지분을 매각하면서 보수적 기업으로 체질이 변했다. 그 결과 재계 순위에서 계속 밀리고 있다.

공정거래위원회가 자산 규모를 기초로 정하는 대기업 순위에서 코오롱그룹은 2004년 이후 10년 동안 8단계나 떨어졌다. 재계 순위로 기업 가치를 평가하는 것에 대해 이견이 있을 수 있지만 코오롱이 삼성이나 현대차 등 선두권에 있는 그룹과 비교할 때 상대적으로 성장이 느린 것은 사실이다.

물론 공격적 사업 확장이 모두 좋은 것만은 아니다. 세계적인 경기침체와 금융위기 여파로 무너진 웅진과 STX그룹이 대표적인 사례다. 두 곳은 과도한 투자 탓에 급변하는 상황에 적절하게 대응할 수 없어 추락했다.

그렇다 하더라도 기업은 성장을 위해 숙명적으로 '리스크 테이킹(Risk Taking)'을 해야 한다. 경쟁사들이 쉬지 않고 달리고 있기 때문이다. 현재 상태를 유지한다는 것은 퇴보의 다른 이름이다.

그래서 최고경영자들은 누구나 얼마나 위험을 감수해야 하느냐 하는 문제를 놓고 고민한다. 리스크 테이킹은 흥분과 공포를 유발하기에 좀처럼 냉정한 판단을 내리기 힘들다. 그러다 보니 실제로 위험이 크지 않는데도 두려움에 빠져 좋은 투자 기회를 놓치기 일쑤다. 반대로 엄청난 위험 요소가 있는데도 '몰빵'하는 실수를 범한다.

이와 관련해 영감을 주는 우화가 있다. 후안 마누엘의 '수탉과 여우'가 그것이다. 이 이야기는 잠재 위험을 과대평가하는 게 얼마나 어리석은 일인지 깨닫게 해준다.

어느 시골 농장에 암탉과 수탉이 살고 있었다. 수탉은 집에서 멀리 떨어진 곳까지 가서 노는 것을 좋아했다. 멀리서 이 모습을 지켜보던 여우가 수탉이 농장에서 멀리 나왔을 때 잡아먹을 기회를 노리고 몰래 따라다녔다. 이를 눈치 챈 수탉은 높은 나무 위로 올라갔다.

여우는 수탉을 보고 해치지 않을 테니 가던 길을 가라고 말했다. 그러나 수탉은 여우의 말을 믿지 않았다. 그러자 여우는 자신의 말을 듣지 않으면 큰 화를 입을 것이라고 협박했다. 그래도 수탉은 나무에서 내려오려 하지 않았다.

말로는 도저히 수탉을 내려오게 할 수 없다는 것을 깨달은 여우는 나무 밑동을 갉아 먹으며 꼬리로 세차게 후려치기 시작했다. 이 모습을 본 수탉은 지레 공포에 떨기 시작했다.

여우의 행동은 단지 겁을 주려고 했던 것이었다. 여우는 나무를 쓰러뜨릴 수는 없다는 것을 알고 있었다. 그럼에도 수탉은 공포에 싸여 다른 나무로 날아갔다. 여우는 수탉이 자리를 옮긴 나무로 가서 똑같은 행동으로 위협을 가했다. 수탉은 다시 나무를 옮겼다. 수탉은 이 나무에서 저 나무로 몇 번 날아오르다 보니 그만 힘이 빠졌다. 결국 수탉은 땅으로 떨어져 여우에게 잡혀 먹히고 말았다.

리스크 테이킹은 성장을 위해 불가피한 결단이다. 기업경영뿐 아니라 인생에서도 리스크 테이킹을 하지 않으면 발전하기 힘들다. 사업 확장을 명분으로 승산이 없는 곳에 마구 투자하는 것도 문제지만, 실패가 두려워 현상 유지에 급급한 태도는 기업에 치명적인 결과를 초래한다.

'수탉과 여우'에 대한 이야기를 끝내고 후안 마누엘은 다음과 같은 말로 리스크 테이킹의 중요성을 거듭 강조한다.

"위험이 닥쳤을 때 살아남는 자는 도망가는 자가 아니라 싸우는 자다. 늑대의 공격을 받은 작은 강아지가 버티고 서서 대항하면 그 위험에서 벗어날 수 있지만, 큰 개일지라도 도망치면 늑대가 따라가 죽여버릴 것이다."

10 최악의 어려움을 이겨내는 힘

2008년 발생한 글로벌 금융위기로 가장 큰 타격을 받은 기업 중 한 곳이 미국의 최대 자동차업체인 GM(제너럴 모터스)이다. 판매량이 급감하면서 누적 손실은 눈덩이처럼 커졌다. 그 액수가 수백억 달러에 달할 정도였다. GM은 더 이상 버틸 수 없어 급기야 정부에 파산 보호를 신청했다. GM이 문을 닫으면 그렇지 않아도 어려운 경제가 더 나빠질 것이기 때문에 미국 정부는 울며 겨자 먹기로 엄청난 재정을 투입해 GM의 회생을 지원했다.

사실 GM이 이 지경에 이른 것은 금융위기 이전에 이미 시작됐다고 봐야 한다. 여러 원인이 있었지만 무엇보다도 경영 상황을 고려하지 않고 계속 임금 인상과 복지 개선 요구만 했던 노조가 큰 부담을 줬다. GM을 관할했던 전미자동차노조(UAW)는 매년 물가상승률보다 높은 임금 인상을 요구했다. 이에 더해 퇴직자에게도 지나친 의료비와 연금을 보장하도록 했다.

'글로벌 금융위기'라는 망망대해를 만났을 때조차 노조는 기득권을 잃지 않으려고 안간힘을 썼다. 그것만이 살 길이라고 여겼다. 바로 이때 '댄 애커슨'이라는 최고경영자가 나타나 특단의 조치를 취하기 시작했다. 그는 2009년 GM에 합류하기 전까지 칼라일그룹에서 인수합병(M&A)을 전담했던 사람이다. 미국 정부는 그의 재무와 조직관리 능력을 인정해 GM의 수술을 맡겼다.

그는 이전의 최고경영자들과 달리 냉철하게 GM을 개조해 나갔다. 부실 자산과 비효율적인 시스템, 마진이 낮거나 판매가 부진한 대형차 모델을 과감하게 정리했다. 하지만 소비자가 원하는 고연비 소형 차량에 대한 투자는 아끼지 않았다. 말 그대로 선택과 집중으로 수익을 내는 기업으로 GM의 체질을 바꿨던 것이다.

경쟁력 없는 공장들을 폐쇄하면서 수만 명의 직원들이 회사를 떠나야 했다. 평균 임금을 대폭 삭감했고 의료비와 복지도 축소했다. 노조는 회사가 파산한 것이나 다름없었기 때문에 애커슨 회장의 요구를 수용하지 않을 수 없었다. 그렇지 않으면 GM이라는 배는 금융위기의 높은 파도에 침몰할 수도 있었다.

애커슨 회장을 도와 구조조정 작업에 참여했던 세르지오 호샤 한국GM 사장은 "식사비용까지 아낄 정도로 긴축 경영을 하면서도 핵심 차종과 기술에 대한 연구개발(R&D) 투자는 줄이지 않았다"며 "GM이 최악의 상황에서 악전고투하며 강한 기업으로 재탄생했다"고 설명했다.

결국 GM은 애커슨 회장이 사령탑에 오른 지 약 3년 만에 다시 증시에 상장되며 성공적인 정상화의 길을 밟아 나갈 수 있었다.

GM의 사례처럼 최악의 상황을 경험하면 근본적 변화가 가능하다는 메시지를 담은 우화가 있다. 중세 페르시아 작가 사아디의 '배가 무서운 노예'라는 이야기다. 여기에 등장하는 노예는 바다에 빠져본 뒤에야 배를 타는 두려움을 극복할 수 있었다. 비록 타인(철학자)에 의해 이런 깨달음을 얻었지만 익사 직전까지 몰린 최악의 경험은 그가 좀 더 편안한 상태로 항해할 수 있도록 도왔을 것이다. 이야기의 내용은 이렇다.

왕이 신하들과 함께 배를 타고 바다를 항해하고 있었다. 날씨도 좋고 바람도 잔잔해 항해하기엔 더없이 좋은 날이었다. 그런데 배 안에서 우는 소리가 들렸다. 왕은 그 소리가 귀에 거슬렸다. 선원들은 배안을 수색해 배 밑창 짐칸에서 두려움에 떨며 신음하는 페르시아인 노예를 발견했다. 왕이 노예를 보고 웃으며 말했다.

"배 멀미를 아주 심하게 하는구나. 기운 차려라. 금방 좋아질 것이다. 전에 배를 타본 적이 있느냐?"

노예가 울면서 대답했다.

"전혀 없습니다. 저는 배가 무섭습니다. 파도가 칠 때마다 출렁거리고 삐걱거리는데다가 배가 너무 낡았어요. 금방이라도 부서질 것 같아 도저히 마음을 놓을 수가 없습니다."

왕이 대답했다.

"무슨 소리냐. 이것은 새로 만든 배다. 걱정마라. 너도 곧 항해를 즐길 수 있을 것이다."

왕이 이렇게 달랬지만 노예는 계속 징징거렸다. 그러자 왕이 명령했다.

"이 놈을 배 밑으로 데려가거라. 그리고 즐거운 항해를 방해하지 못하도록 어떻게든 우는 소리가 들리지 않게 해라."

그러나 노예의 울음소리는 밤새도록 계속 이어졌다. 밤잠을 설친 왕은 더 이상 참을 수가 없었다.

"저 놈을 매질해야겠다."

하지만 노예의 울음소리는 더 커졌다. 벌을 내릴수록 노예는 더 울부짖었다. 바로 그때 철학자 승객 한명이 나서 왕에게 말했다.

"허락하신다면 제가 저 친구를 조용하게 만들어 보겠습니다."

철학자는 선원들에게 노예를 갑판 위로 데려오라고 했다. 노예는 아예 목 놓아 울었고 왕은 그 소리를 듣지 않으려고 귀를 막았다. 철학자가 명령을 내렸다.

"이 자를 배 밖으로 던져라."

바다에 던져진 노예는 파도 아래로 가라앉았다 떠올랐다 여러 차례 반복했다. 기진맥진해져 숨이 막 넘어갈 때쯤 철학자는 그의 머리털을 움켜잡고는 뱃전으로 끌어올렸다. 노예는 허둥지둥 구석으로 가서 처박히더니 두 번 다시 우는 소리를 내지 않았다. 왕이 반색하며 물었다.

"놀라운 일이군 도대체 저 녀석을 어떻게 한 것이오?"

"사람은 어려운 일을 당해봐야 제 정신을 차리는 법이지요. 저 친구는 물에 빠지는 게 어떤 것인지 맛을 보았기에 배가 얼마나 고마운지 비로소 알게 된 것입니다. 그뿐입니다."

어떤 난관에 직면하거나 어려운 일이 생기면 우리는 노예와 같이 무조건 공포(패닉)에 빠지기 쉽다. 마찬가지로 금융위기나 불황 앞에서 경영자들은 과도한 걱정에 휩싸인다. 하지만 그것은 과장된 감정일 가능성이 높다.

최악의 상황에서는 두려움조차 느끼지 못한다. 오직 살아야 한다는 의욕만 있을 뿐이다. 이 상황을 돌파한다면 사람이든 기업이든 국가든 더 강한 체질을 갖게 된다.

11　적기를 놓친 오판의 대가

2007년 6월 애플의 아이폰의 등장은 다른 기업에 예상하지 못한 결과를 초래했다. 휴대폰시장을 이끌었던 두 회사를 몰락시켰고, 만년 추격자에 불과했던 한 회사를 스타로 만들었던 것이다. 추락한 두 곳은 블랙베리와 노키아, 승리자는 삼성전자다.

세 회사는 기술력에서 큰 차이가 없었다. 객관적인 상황에서는 삼성전자보다 노키아와 블랙베리가 우위에 있었다. 블랙베리는 기업용 스마트폰 분야의 개척자이자 시장지배자였고 노키아는 전체 휴대폰(피처폰)시장의 절대 강자였다. 삼성전자는 그럭저럭 잘 따라가고는 있었지만 앞으로 치고 나갈 만큼 폭발적인 힘을 보유하지 못했다.

아이폰이 선풍적인 인기를 끌면서 휴대폰시장 판도가 바뀌었다. 피처폰에서 스마트폰으로 모바일시장의 무게중심이 이동했던 것이다. 노키아와 블랙베리, 삼성전자 등 휴대폰 제조사들은 혜성처럼 등장해 시장을 휩쓸고 있는 아이폰에 어떻게 대응해야할지 고민에 빠졌다.

이때 세 회사의 운명을 가른 것은 바로 타이밍이었다. 삼성전자는 고민을 빨리 접고 아이폰을 빠르게 추격하는 전략을 택했다. 블랙베리는 아이폰과 비슷한 형태의 제품을 발 빠르게 내놓았지만 여전히 확신을 갖지 못해 머뭇거리는 모습을 보였다. 전력을 기울이지 않은 탓인지 블랙베리의 새로운 시도는 매번 막대한 비용만 날리고 실패했다. 노키아는 스마트폰시장 동향에 신경을 곤두세웠지만 빨리 결정을 내리지 못한 채 우왕좌왕하며 시간만 허비했다.

블랙베리나 노키아가 타이밍을 놓친 이유는 많겠지만 기존 제품에 대한 애착과 자부심이 너무 강했다는 게 가장 큰 패인이었다. 이른바 '성공의 함정'에 빠졌던 것이다.

이에 반해 삼성전자는 많은 수익을 안겨줬던 '애니콜'을 과감히 포기하고, 스마트폰 브랜드인 갤럭시 시리즈에 총력을 기울였다. 아이폰에 대한 추격 타이밍을 잡기 위해 삼성전자의 엔지니어들은 밤을 새우며 제품을 개발했고, 경영진도 다양한 마케팅을 시도할 수 있도록 전폭적 지원을 아끼지 않았다.

그 결과는 그 후 스마트폰시장이 말해준다. 삼성전자는 글로벌 스마트폰시장에서 애플을 제치고 1위로 올라섰다. 반면 노키아는 마이크로소프트(MS)에 인수됐고 블랙베리는 극심한 경영난을 겪었다. 이처럼 사업에서 타이밍을 잡느냐, 잡지 못하느냐 하는 문제는 기업의 성패를 가르는 결정적 요인으로 작용한다.

조선 순조 때 조재삼이 다양한 자료를 모아 엮은《송남잡식(松南雜識)》에는 '타이밍 경영학'의 본질을 깨우쳐주는 우화 한 편이 실려 있다. '송도의 참외장수'라는 이야기다.

송도에 참외장수가 있었다. 그는 주요 산지에서 참외를 사가지고 한양으로 왔다. 참외를 좋은 값에 팔기 위해서였다. 한양에 도착한 그는 시장에 이런 소문을 들었다.

"의주 쪽에서는 참외가 품귀 현상을 일으켜 값이 폭등하고 있다."

참외장수는 욕심이 생겼다. 그는 한 푼이라도 더 많은 이익을 남기고 싶었다.

"그래, 의주로 가자. 그곳에 가면 더 큰 이익을 남길 수 있겠지."

참외장수는 곧바로 의주를 향해 걸음을 옮겼다. 밤낮을 가리지 않고 걸음을 재촉해 그는 의주에 도착했다. 의주 시장에 나가 보니 이번에는 또 이런 소문이 돌았다.

"개성에서 하루가 다르게 참외 값이 치솟고 있다."

그는 또 개성을 향해 발걸음을 옮겼다. 개성에 와 보니 정말로 참외 값이 천정부지로 오르고 있었다. 참외장수는 좋은 자리를 골라 참외가 든 등짐을 풀었다. 그런데 이게 무슨 낭패인가. 참외가 모두 썩어 있었던 것이다.

상품의 가치를 결정짓는 중요한 요인 중 하나는 바로 판매 타이밍이다. 가장 좋은 제품의 출시시기를 결정하는 요인에는 수요와 가격 외에 상품의 특징 등 여러 가지가 있다. 어느 하나라도 정확하게 계산하지 않으면 타이밍을 잡기 쉽지 않다.

시장 분석과 예측의 오류가 사업의 타이밍을 놓치는 표면적 원인이지만 이런 잘못을 저지르는 밑바탕에는 기존 사업에 대한 지나친 낙관이나 더 많은 수익을 얻고자 하는 탐욕이 도사리고 있다. 블랙베리와 노키아가 빠진 '성공의 함정'과 참외장수의 과욕은 '타이밍 경영학'의 최대 적이다. 판매시기를 놓친 참외장수는 지금도 최고경영자들에게 다음과 같은 메시지를 전하고 있다.

"타이밍을 놓치면 모든 것을 잃는다."

12   자의적 판단의 치명적 위험성

    규모가 크지는 않지만 20년 이상 기업을 탄탄하게 경영했던 한 중소기업을 탐방해 취재한 적이 있다. 앞서 파트 1에서도 언급했던 중소기업 W사다. 엔지니어 출신인 이 회사 사장은 주로 대형 통신회사의 전선 공사를 수주 받아 매출을 올렸다. 그러나 통신 환경이 모바일로 바뀌면서 매출이 계속 떨어지자 새 사업을 찾고 있었다.

    그러던 중 사장은 휴대폰 케이스 제조가 유망하다는 얘기를 듣고 투자에 나섰다. 한국 스마트폰이 세계시장에서 고가에 판매되고 있어 고급 케이스를 만들어 수출하면 높은 수익을 창출할 수 있을 것이라고 판단했던 것이다. 사장은 그동안 모아두었던 자금을 투입해 스마트폰 케이스 생산 라인을 설치하고 외국 바이어들을 상대로 영업을 시작했다.

바로 이 시기에 취재를 갔던 터라 휴대폰 케이스 제조와 마케팅 부문을 담당했던 부사장은 열심히 사업 비전에 대해 설명했다. 그는 "디자인이 독특하고 고급 소재를 사용하는 방식으로 차별화했기 때문에 국내외 시장에서 호응이 좋을 것"이라고 확신했다.

그러나 취재를 끝내고 나오면서 그들이 기대한 만큼 실적을 올리기 쉽지 않을 것이란 생각이 들었다. 휴대폰 케이스 시장은 이미 포화 상태였다. 진입 장벽이 높지 않아 경쟁이 더 심해질 가능성이 높았다. 더욱이 삼성과 LG가 자사 브랜드로 휴대폰 케이스를 내놓고 있어 중소업체가 독자 제품으로 성공하기는 어려운 상황이었다. 조금만 눈을 돌려 보면 쉽게 전망할 수 있는 시장을 이 회사의 사장과 부사장은 지나친 낙관에 근거한 자의적 판단 때문에 보지 못했던 것이다.

최고경영자의 자의적 판단으로 위험에 빠지는 곳은 중소기업뿐만이 아니다. 대기업 총수들도 객관적 근거나 자료에 의지하지 않고 직관적 또는 주관적으로 사업 판단을 내려 실패하는 일이 적지 않다. STX그룹을 이끌었던 강덕수 회장도 여기에 포함된다.

강 회장을 접했던 지인들에 따르면 그는 자신에 대한 강한 확신이 있었다고 한다. 그래서 그가 위험한 결정을 내릴 때 참모나 주변 사람들이 조언하기 힘들었다는 것이다. 최고경영자의 잘못된 자의적 판단이 누적되면서 STX그룹은 위기에 몰렸고 결국 해체되고 말았다. 물론 2008년 예상하지 못했던 글로벌 금융위기가 발생하는 등 외부 악재도 무시할 수 없다. 그렇다 하더라도 기업이 잘못됐을 때 최종 책임자는 역시 최고경영자다.

인간이 얼마나 쉽게 자의적 판단에 빠져 잘못된 생각과 행동을 하게 되는지 알려주는 우화들이 많다. '당나귀와 까마귀와 늑대'라는 이솝우화도 그중 하나다.

등에 상처를 입은 당나귀가 들에서 풀을 뜯어먹고 있었다. 그때 까마귀 한 마리가 당나귀 등에 내려앉더니 상처를 쪼았다. 등이 그렇게 아픈 것이 상처 때문이라고 생각한 당나귀는 울면서 날뛰기 시작했다. 좀 떨어진 곳에서 이 광경을 지켜본 당나귀 주인은 웃음을 터뜨렸다. 마침 당나귀 곁을 지나던 늑대가 당나귀 주인이 자신을 보고 비웃는 줄 알고 중얼거렸다.

"우리 늑대들은 얼마나 불쌍한지 모르겠어. 무리로 다니다가 사람들의 눈에 띄면 도망가야 하는 것도 서러운데 무리에서 떨어져 혼자 다니니까 인간들의 조롱거리가 되고 마는군."

당나귀의 오판이 무지(無知)에서 나왔다면 늑대의 자의적 판단은 자격지심(自激之心)에서 나왔다. 그런데 더욱 심한 자의적 판단은 욕심과 탐욕에서 나온다. 객관적으로는 분명히 여러 위험 요소가 있음에도 큰 이익을 볼 수 있다는 탐욕이 발동하면 판단력이 흐려지는 것이다.

《장자 외편》 '산목(山木)'에 나오는 '사마귀가 매미를 잡아먹으려는 순간 까치가 사마귀 뒤를 노리고 있다'는 내용의 우화는 눈앞의 작은 이익에 취해 치명적 위험을 보지 못하는 인간에 대한 신랄한 조롱으로 읽힌다. 많이 알려진 얘기지만 줄거리를 요약하면 이렇다.

장자는 어느 날 과수원 주변을 산책하고 있었다. 바로 그때 까치 한 마리가 머리 위를 맴돌다 과일 나무에 내려앉은 것을 발견했다. 그는 까치를 활로 쏘려 했다. 이 순간 나뭇가지 위에서 사마귀 한 마리가 두 다리를 쳐든 채 무엇인가를 노려보고 있었다. 나무 그늘에서 울고 있는 매미였다. 사마귀는 매미를 덮치려 했던 것이다. 이 순간 매미는 자신이 위험에 빠진 줄도 모르고 맴맴 거리고 있었다. 사마귀는 매미를 잡으려는 데에만 정신이 팔려 까치가 자신을 노리고 있는 줄 모르고 있고, 까치는 사마귀를 잡으려는 욕심에 장자가 활로 겨냥하고 있는 것을 알지 못했다. 이때 장자의 머릿속을 스치고 지나가는 깨달음이 있었다.

"그렇다면 나를 노리고 있는 무엇인가가 또 있지 않을까? 인간은 눈앞의 이익과 욕심에만 정신이 팔려 등 뒤에서 다가오는 화근을 잊을 수 있다. 다른 사람을 해치려 했다간 자신이 그 해를 입을 수도 있겠구나."

생각이 여기까지 미치자 장자는 활을 버리고 몸을 돌려 도망쳤다. 바로 이때 과수원 주인이 급히 뛰어가는 장자가 도둑인 줄 알고 등 뒤에서 마구 호통치고 있었다.

어떤 일이든 좋은 점이 있으면 나쁜 측면도 있다. 한 쪽에만 집착하면 다른 쪽을 놓치기 쉽다. 한 사람의 판단보다 여러 명의 생각이 옳을 가능성이 높은 이유다.

최고경영자가 자의적 판단 때문에 실패하는 것을 막는 방법은 좀 더 많은 의견을 청취하고 상황을 종합적으로 보는 길밖에 없다. 장자가 깨달았듯이 누군가 자신을 노리고 있다는 경각심을 항상 갖고 있다면 나도 모르는 사이에 엄습하는 치명적 위험은 피할 수 있지 않을까?

13 과욕과 부주의는 실패의 어머니

2006년 말 금호아시아나그룹은 대우건설을 인수하며 한 번 더 도약할 수 있을 것으로 기대했다. 그룹 최고경영자를 비롯해 대우건설 인수합병을 성공시켰던 경영진은 훌쩍 커질 외형을 상상하며 다양한 계획을 세웠다.

하지만 이듬해부터 이상 조짐을 보이던 건설시장은 2008년 글로벌 금융위기 여파로 침체기에 들어섰다. 국내에서는 주택 수요가 급격히 줄면서 아파트 분양이 꽁꽁 얼어붙었고, 외국에서도 건설 수주 물량이 뚝 떨어졌다. 어렵게 따낸 공사도 너무 싼 값에 수주해 적정한 이익을 내기 힘들었다. 쌓이기만 하는 미분양에 수익성 급감으로 건설업체들의 가치는 급락했다.

대우건설도 예외는 아니었다. 대우건설을 통해 많은 것을 이룰 수 있을 것으로 예상했던 금호아시아나그룹은 시장에서 말하는 '승자의 저주'에 빠지고 말았다. 특히 미래에셋 등 재무적 투자자들에게 부여한 고율의 현금 배당과 풋백 옵션이 '독배'로 돌아왔다. 풋백 옵션은 주가가 일정 수준까지 오르지 않으면 재무적 투자자들이 손해를 보지 않도록 보전해 주는 계약이었다. 6조 원이 넘는 인수금 중 무려 4조 원 가량을 재무적 투자자에게서 조달하려고 하는 과정 중 너무 위험한 무리수를 둔 셈이다. 금호아시아나그룹이 이 약속을 큰 부담 없이 지키려면 인수 이후 대우건설 주가가 큰 폭으로 올라야 했다.

불행하게도 예상치 못한 금융위기가 발생하면서 대우건설 주가는 기대한 만큼 오르지 못했다. 시간이 흘러 이 계약을 이행해야 할 시점에서 엄청난 자금 압박이라는 부메랑이 돼 돌아왔다. 금호아시아나그룹은 결국 손을 들었고 2009년 막대한 손해를 감수하며 대우건설을 재매각하기로 했다. 그룹을 살리기 위해서는 어쩔 수 없는 고육지책이었다. 그 이후 금호아시아나그룹은 큰 타격을 받고 외형이 오히려 축소됐으며, 다시 옛 모습을 갖추기 위해 피나는 노력과 많은 시간을 허비해야 했다.

금호아시아나그룹의 실패 원인은 여러 가지가 있겠지만 엄연한 현실을 직지하지 못할 만큼 욕심이 지나쳤다는 것과 급한 마음에 풋백 옵션과 고율의 현금 배당 같은 조건을 너무 쉽게 결정했다는 점이다.

과욕과 부주의한 결정으로 낭패를 본다는 내용의 우화는 많다. 이솝우화 '욕심 많은 개'를 모르는 사람은 없을 것이다. 고기를 입에 물고 냇물을 건너다가 물에 비친 자신의 모습을 다른 개로 착각해 그것을 빼앗으려고 짖다가 물고 있던 고기마저 잃고 말았다는 얘기다. 잘 알려지지는 않았지만 북아메리카 인디언 우화 중에 '눈을 떼어낸 사나이'라는 이야기도 과욕과 부주의가 좋지 못한 결과를 낳는다는 메시지를 전한다.

눈을 얼굴에서 떼어낼 수 있는 사람이 있었다. 그는 주문을 외워서 자신의 눈을 나뭇가지에 올려놓았다가 다시 불러오곤 했다. 어떤 사람이 더 멀리 보고 싶은 욕심에 그에게 눈을 뗄 수 있는 방법을 알려 달라고 간청했다. 그는 눈을 떼어내는 방법을 알려주면서 주의해야 할 점을 경고했다. 하루에 네 번 이상 떼어내면 안 된다고.

눈을 떼었다가 붙이는 법을 터득한 사람은 너무 신이 났다. 눈을 뗄 수 있다는 사실이 너무 신기해 나뭇가지 위에 붙였다 떼었다 반복했다. 그러느라 다섯 번째부터는 그것이 불가능하다는 사실을 잊고 말았다. 다섯 번째 눈을 떼어 나뭇가지 위에 걸어 놓았던 그는 눈을 다시 불러들일 수 없었다.

분수에 넘치는 욕심 탓에 그는 그만 장님이 되고 말았다. 앞을 보지 못하고 앉아 있던 그의 얼굴 위로 쥐가 한 마리 올라왔다. 그는 쥐꼬리가 입에 닿자 꽉 깨물었다. 쥐는 도망가지 못하고 잡혔다. 쥐는 그에게 어떻게 해야 풀려 날 수 있는지 물었다. 그는 두 개의 눈 중에 하나를 달라고 말했다. 쥐는 어쩔 수 없이 그에게 눈 하나를 주었다. 그러나 쥐 눈은 너무 작아 잘 보이지 않았다.

다시 길을 가다가 자신의 신세가 처량해 그는 눈물을 흘렸다. 그때 그를 도와줄 존재가 나타났다. 물가에서 물을 마시던 버팔로였다. 그의 사연을 들은 버팔로는 그에게 큼지막한 눈 하나를 떼 줬다. 버팔로의 눈은 잘 보이기는 했지만 너무 커서 밖으로 툭 튀어 나왔다. 아주 작은 쥐 눈과 버팔로의 큰 눈을 붙인 그의 얼굴은 일그러진 모습으로 바뀌었다. 하지만 그는 그 얼굴로 평생을 살아갈 수밖에 없었다.

경영자는 감당할 수 있는 일과 그렇지 못한 것을 잘 구분할 수 있어야 한다. 특히 덩치를 키우기 위한 인수합병에 나설 때는 그것이 과욕은 아닌지, 자금 조달이나 매입 조건에서 주의할 점은 무엇인지 꼼꼼하게 점검할 필요가 있다. '눈을 떼어낸 사나이'에 나오는 인물처럼 스스로 감당하기 힘든 능력을 갖겠다고 다른 조건들을 소홀히 하면 당장은 좋을지 몰라도 언젠가는 탈이 나게 마련이다.

기업은 과감한 투자와 확장 경영을 해야 할 필요도 있지만 '수분지족(守分知足)'하며 신중한 태도를 취해야 할 때도 있다. 예상하지 못한 행운이 찾아와 기업이 성장하고 큰돈을 벌 때는 이러한 교훈을 마음에 새기며 욕심을 자제하는 역발상이 의외로 좋은 결과를 낳을 수 있다.

14 현명한 토끼는 세 개의 굴을 판다

경제가 저성장의 늪에서 좀처럼 빠져나오지 못하자 기업 최고 경영자들의 입에서 '위기 돌파'라는 말이 떨어지지 않는다. 2014년 삼성 이건희 회장은 그해 화두로 '한계 돌파'를 언급했다. 한계를 넘지 못하면 위기가 찾아올 것이기 때문에 긴장감을 늦추지 말고 변신과 혁신에 나서라는 의미였다. 총수의 지시에 따라 삼성은 위기 돌파를 위해 총력을 기울였지만 만족할 만한 결실을 보지는 못했다. 삼성전자의 주력 무기인 스마트폰이 기대한 만큼 팔리지 않아 영업이익이 줄었기 때문이다.

같은 해 정몽구 현대차 회장도 만만치 않은 한 해가 될 것이라며 실적을 더 늘릴 것을 강조했다. 그가 던진 미션은 외국 시장에서는 어느 정도 통하고 있지만 국내 시장에서는 수입차의 거센 공세로 주춤한 상태다. LG 구본무 회장과 SK 최태원 회장도 위기를 강조하며 이에 대한 대비를 해야 한다고 지시했다.

10대 그룹에 속한 한 임원은 "중국 업체들의 추격과 국제 경기의 더딘 회복, 내수 침체가 맞물리면서 우리 기업들이 수익성을 회복하는 시기가 점점 늦어지고 있다"고 토로했다.

한국 기업들은 지금까지 어려운 상황을 잘 극복해왔다. 삼성전자가 대표적 사례다. 애플 아이폰이 스마트폰 시장에서 선풍적인 인기를 끌기 시작했을 무렵, 업계에서는 삼성전자도 여타 휴대폰 업체처럼 희망이 없다고 입을 모았다. 그러나 삼성전자 내부 경영진들은 그렇게 생각하지 않았다. 삼성이 애플에 들어가는 핵심 부품을 만들고 있고, 해외 마케팅 네트워크를 구축하고 있으며 유능한 연구개발 인력을 갖추고 있어 아이폰 추격이 가능할 것으로 본 것이다. 다행히 이 예상은 적중해 삼성전자는 위기를 극복하는 모습을 보여줬다.

미래 어떤 위기가 오더라도 철저하게 준비해야 한다는 교훈을 주는 대표적 이야기가 사마천의 《사기》 '맹상군 열전'과 《전국책》 '제책 편' 등에 소개돼 있다. '교토삼굴(狡兎三窟)'이라는 고사성어로 더 잘 알려진 일화다.

맹상군은 전국시대 말기에 제나라에 살았던 왕족 출신이다. 이른바 '식객 정치'의 새 장을 연 인물이다. 3,000명이 넘는 식객을 두면서 뛰어난 용인술로 한 시대를 풍미했던 정치인이기도 하다. 그의 식객 중에 풍환이라는 식객이 이었다. 출신이 비천하고 겉모습이 비루해 처음엔 거의 눈에 띄지 않았다.

맹상군은 그를 가장 낮은 등급으로 분류해 대우했다. 이에 풍환은 많은 사람이 보는 앞에서 투덜거렸다. 그러자 맹상군은 등급을 올려 주었다. 그런데 이번에는 수레를 제공하지 않는다며 불평을 토로했다. 맹상군은 속으로는 불쾌하게 생각했지만, 식객을 홀대한다는 평가를 받기 싫어 그가 원하는 대로 결국 최고 대우를 해줬다.

맹상군의 영지는 '설'이라는 곳이었다. 맹상군은 그곳 주민들에게 돈을 빌려주고 이자를 받아 높은 수익을 올렸다. 많은 식객을 건사하려면 자금이 필요했기에 설 땅에 사는 백성들을 대상으로 돈놀이를 했던 것이다. 그러다 보니 맹상군에게는 빚 독촉하는 게 일이었다. 사람들을 모질게 다뤄야 했기에 빚 독촉을 자원하는 식객은 거의 없었다.

그러던 중 1년 이상 무위도식하며 최고 대우를 받고 있는 풍환이 빚을 받아오겠다고 자청했다. 불감청고소원(不敢請固所願)이라고 맹상군은 풍환의 제의를 흔쾌히 승낙했다. 떠나기 전에 풍환은 맹상군에게 물었다.

"빚을 받고 나면 무엇을 사올까요?"

"무엇이든 내게 부족한 것을 사오시오."

설 땅에 도착한 풍환은 백성들에게 잔치를 베풀고 즐긴 뒤 빚 증서를 모두 모았다. 엄청난 액수였다. 그는 사람들을 모아 놓고 "맹상군 어른께서 여러분을 위해 빚을 모두 탕감하라고 하셨다"고 말한 뒤 빚 증서를 다 태워버렸다.

설 땅 백성들은 풍환이 전한 맹상군의 은혜에 감복했다. 돌아온 풍환에게 맹상군이 물었다.

"무엇을 사오셨나?"

"빚 증서를 모두 불태워 은혜와 의리를 샀습니다. 그것이 주군에게 부족한 것이니까요."

이 말을 듣고 맹산군은 어처구니없었다. 하지만 이미 돌이킬 수 없는 일이라 그냥 넘어가기로 했다.

세월이 흘러 맹상군이 제나라 군주와 갈등을 빚어 재상에서 물러나자 수천 명의 식객은 모두 달아났다. 풍환은 맹상군에게 설 땅으로 갈 것을 권했다. 맹상군이 설 땅에 나타나자 백성들은 환호하며 반겼다. 풍환이 사 놓은 은혜와 의리가 빛을 발했던 것이다. 이때 풍환은 말했다.

"교토삼굴, 즉 교활한 토끼는 구멍을 세 개나 마련해 놓습니다. 지금 주군은 한 개의 굴을 뚫었을 뿐이지요. 나머지 두 개의 굴도 마저 제가 뚫겠습니다."

풍환은 주변 국가의 군주를 이용해 다시 맹상군을 재상에 올려놓았고, 설 땅에 종묘를 세워 맹상군이 궁지에 몰렸을 때 안전하게 머물 근거지를 만들었다.

앞으로 한국의 경기 침체가 얼마나 오래갈지 모른다. 중국의 추격 속도는 더욱 빨라지고 있으며 내수도 상황이 좋아질지 의문이다. 해외 경기 역시 시야가 불투명하기는 마찬가지다. 중동과 우크라이나 지역의 불안도 사라지지 않았다. 어느 때보다도 최고경영자들이 풍환의 교토삼굴을 가슴에 새기며 위기를 대비할 때다.

15 진실을 회피하는 배경과 원인

삼성 갤럭시S5가 나왔을 때 화제가 됐던 동영상이 있었다. 갤럭시S5를 물에 넣는 장면이었다. 전자기기 안에 물이 들어가면 망가진다는 것은 상식에 속한다. 갤럭시S5는 방수기능을 추가함으로써 이런 상식을 깼다.

하지만 스마트폰의 방수 기능은 기대한 만큼 호응을 얻지 못했다. 간혹 스마트폰을 물에 빠뜨리거나 폰 위에 커피 같은 액체를 쏟는 일은 있지만 스마트폰을 수영복 주머니에 넣고 풀장에 들어가거나 손에 들고 샤워하는 일은 없다. 방수 기능이 크게 필요하지 않다는 얘기다.

방수를 고집하는 바람에 오히려 두 가지 문제를 초래하고 말았다. 하나는 디자인에 제약을 받으면서 동시에 제품 단가를 높였다는 점이다. 다른 하나는 스마트폰에 이상이 생겼을 때 사후서비스(AS)가 까다롭다는 것이었다. 스마트폰을 수리하기 위해 한 번 분리하면 방수 기능을 그대로 유지하기 쉽지 않다. 방수 시계를 생각하면 이해가 빠를 것이다.

갤럭시S5를 개발하며 디자인에 대한 문제점들이 제기됐다고 한다. 아마 방수 기능을 결정할 때도 디자인이나 AS 관련 논란이 있었을 것이다. 그러나 스마트폰의 방수 기능이 획기적인 아이디어라는 다수의 의견에 묻혀 부정적 측면은 간과됐을지도 모른다.

경영의 여러 적(敵)들 중 하나는 의사결정 과정에서 분명한 진실이나 사실을 가리는 행위다. 최고경영자가 너무 엄격하고 무서워 잘못된 결정을 번복하지 못하는 것이 대표적이다. 처음 보고한 내용에 오류가 있음에도 그것을 인정하면 심한 꾸지람과 질책, 심하면 회사를 그만둬야 하는 일이 생길까 두려워 진실을 가리게 된다. 당장 그 피해가 드러나지 않아 해당 임직원은 회사를 더 다닐 수 있겠지만 결국 진실이 드러나면 큰 파국에 직면한다. 호미로 막을 것을 가래로 막는 격이 될 수 있다.

경영진 다수가 대내외 환경이나 신기술의 가능성을 잘못 진단하는 경우도 마찬가지다. 기업 경영에도 '군중 심리'라는 것이 작용한다. 많은 사람들이 그렇다고 말하면 소수자들이 의견을 내놓기 어렵다. 모두가 '예스'라고 할 때 '노'라고 말하는 것은 대단한 용기와 위험이 따른다. 총수라면 모를까 전문경영인이 그렇게 하기는 더 어렵다.

루미의 '아야즈와 진주알', '콧수염의 허풍'은 진실 가리기를 희화한 우화다. 행간을 읽으면 진실 가리기를 피하는 지혜도 얻을 수 있다. 먼저 '아야즈와 진주알'의 내용이다.

하루는 왕이 고위 관료들을 불러 커다란 진주알을 보여주었다. 왕이 한 장관에게 물었다.

"그대 생각에 이 진주 값이 얼마나 되겠소?"

"나귀 100마리가 짊어질 금보다 더 값지겠습니다."

"그것을 깨뜨리시오."

이 말을 듣고 어리둥절한 그에게 왕이 다시 명령을 내렸다.

"산산조각 내시오."

울상을 지으면 장관이 반문했다.

"전하의 보물 창고를 맡은 신하로서 어떻게 이 귀한 것을 깨뜨릴 수 있겠습니까?"

"말 잘했소."

왕은 칭찬하며 그에게 옷을 하사했다. 왕은 재상에게도 똑같은 명령을 내렸다. 재상 역시 세상에 이런 아름다운 물건을 깨뜨릴 수 있겠냐며 명령을 따르지 않았다. 왕은 재상에게도 후한 상을 줬다. 하루 종일 왕은 관료들에게 같은 질문을 했고, 모두가 왕의 명령에 따르기를 거부했다. 마지막으로 아야즈라는 관리의 손에 진주알이 넘어갔다. 왕이 말했다.

"그 값이 얼마나 되겠느냐?"

"이처럼 귀한 보물에 값을 매길 수 있겠습니까?"

"깨뜨려라!"

아야즈는 즉시 진주를 깨뜨려 가루로 만들었다. 고관들이 소리를 지르며 아깝다고 난리 법석을 떨었다. 소동이 가라앉자 아야즈가 말했다.

"여러분, 과연 어느 게 더 값집니까? 말해보세요. 당신들이 거역한 왕의 명령입니까? 아니면 내가 방금 깨뜨린 색깔 있는 돌맹이입니까?"

이 질문으로 아야즈는 진주알의 아름다움에 현혹돼 '왕의 명령'이란 절대적 가치를 망각한 관료들을 꾸짖으며 진실을 깨우쳐 주었다.

다음은 '콧수염의 허풍'이란 우화다.

콧수염을 기른 한 사나이가 있었다. 그는 가난해 사람들에게 무시당했다. 그때마다 그는 허풍을 떨었다.

"이 콧수염을 보게. 윤기가 흐르지 않나? 간밤에 파티에서 기름진 음식을 잔뜩 먹었거든. 이 입술도 보라고. 역시 기름기가 반들반들 흐르지?"

그러자 그의 아랫배가 불평을 늘어놓았다.

"아이고, 저 거짓말! 저 놈의 콧수염 모두 없어졌으면 좋겠다. 저렇게 허풍을 떠는 바람에 나는 이렇게 텅 비어 죽을 지경 아닌가? 저 입술이 허풍만 떨지 않으면 사람들이 내 속을 채워줄 수 있을 텐데."

어느 날 아랫배의 불만을 가난한 사나이의 아들이 채워주었다. 많은 사람들이 모인 곳에서 아들이 사나이에게 큰 소리로 말했다.

"아버지 큰일 났어요. 아빠가 날마다 콧수염과 입술에 기름 바를 때 쓰는 양 꼬리를 고양이가 물어갔다고요."

이 말을 듣고 모든 사람들이 웃음을 터뜨렸다. 콧수염 사나이의 허풍이 들통 났기 때문이다. 하지만 이 일로 인해 사람들은 이 사나이를 불쌍히 여겨 저녁식사에 초대했고, 덕분에 아랫배가 불룩해졌다.

뭔가 찜찜하고 진실이 아니라는 생각이 들 때, 성과나 실적이 부풀려졌다고 판단되면 최고경영자는 냉정하게 현실을 직시하고 시시비비를 가릴 용기를 내야 한다. 그렇지 않으면 호미로 막을 것을 가래로도 막지 못하는 위기에 직면할 수 있기 때문이다.

Part 3

경영의 중심엔
인간이 있다

01 인간성을 이해하는 첫 단추

　LG의 구 씨와 GS의 허 씨가 오랜 기간 성공적인 동업 관계를 유지했던 것은 '예외'에 속한다. 동네 가게에서 대기업에 이르기까지 대부분의 동업은 실패할 확률이 높다. 동업을 유지하려면 쉽지 않은 두 가지 조건을 충족해야 하는데, 운이 아주 좋거나 초인적인 절제력과 희생이 전제돼야 한다는 것이다. 동업의 성공 조건을 좀 더 생각해 보자.

　우선 사업이 잘 돼야 한다. 이것은 아주 기본적인 조건이다. 파이(매출)가 커져야 나눠 먹을 것이 많고, 싸울 일이 적어진다. 오랜 기간 노력했음에도 불구하고 매출이 제자리걸음이거나 오히려 감소한다면 상대방 탓이라고 생각하기 마련이다. 내 탓이라고 하는 순간 모든 지분을 빼앗기기 때문이다.

친지 중에 서로 자본을 투자해 작은 옷 가게를 운영하다 장사가 잘 되지 않자 모든 것을 상대방에게 넘겨주고 나온 사람이 있다. 그는 자신이 맡은 역할을 충실하게 하지 못해 가게가 망했다고 생각했다. 꼭 그렇지 않은데도 말이다. 이렇듯 사업이 잘 안 되면 마음이 약하거나 양심적인 사람이 손해를 본다.

두 번째는 신뢰다. 서로 의기투합해 사업을 처음 시작할 때 마음가짐은 그다지 중요하지 않다. 누구나 동업 초기엔 관계가 돈독하다고 믿는다. 문제는 지속성이다. 신뢰의 지속성은 사실 인간 본성에 역행한다. 특별한 동기가 없는데도 한결 같은 마음을 유지하는 것은 어렵다. 심지어 부부도 신뢰가 깨져 이혼하는 마당에 그보다 훨씬 관계의 끈이 약한 동업자에게 변하지 않는 마음을 요구하는 것 자체가 무리다.

그래서 서로 신뢰를 지키도록 강제해야 하는데 그게 바로 투명하고 명확하며 공평한 계약이다. 하나부터 열까지 분쟁이 일어날 가능성이 있는 모든 사안에 대해 계약하지 않으면 동업은 모래 위에 세운 누각에 불과하다. 신뢰는 마음에서 저절로 우러나오는 것이 아니라 철저한 계약에 근거해 지켜진다. 그게 바로 비즈니스 세계다.

사업의 성공과 신뢰의 지속성. LG와 GS의 경우는 두 가지 조건을 모두 충족했다. 그러다 보니 지난 2005년 두 그룹이 관계를 청산할 때도 큰 어려움을 일으키지 않았다. 일반적으로 동업자와 헤어질 때는 소송이 벌어진다. 상대방을 살해하는 일도 벌어진다. 그만큼 동업은 힘들고 위험하다.

이솝우화 '두 마리 쇠똥구리'는 인간의 이기적 속성을 고발하는 내용이지도 하지만 경영학 측면에서는 동업의 어려움을 암시하는 이야기이기도 하다.

황소의 똥에서 함께 사는 쇠똥구리 두 마리가 있었다. 그들이 사는 곳은 작은 섬이다. 겨울이 찾아오자 한 쇠똥구리가 친구에게 바다를 건너 육지로 가는 것이 좋을 것 같다고 말했다. 바다를 건너는 것은 위험천만한 일이지만 육지에는 분명히 먹이가 많을 것이라고 그는 역설했다. 섬에서 배고픔을 참으며 지내는 것보다 힘들더라도 새로운 곳을 찾아 나서겠다는 얘기다. 모험에 나서기로 한 쇠똥구리는 겨울이 끝나고 봄이 오면 꼭 돌아오겠다고 약속했다. 그리고 친구를 위해 한 마디 덧붙였다.

"만일 육지에서 많은 먹이를 발견하면 네게도 가져다줄게."

이렇게 말한 쇠똥구리는 작은 섬을 떠났다. 그는 무사히 바다를 건너 육지에 도착했다. 그곳에는 정말로 신선한 쇠똥이 너무 많았다. 그는 가장 맛이 좋을 것 같은 쇠똥에 앉아 배가 터지도록 먹었다.

그렇게 겨울을 보내고 봄이 찾아오자 쇠똥구리는 작은 섬으로 돌아왔다. 충분한 영양을 공급받아 살이 통통하고 건강해진 쇠똥구리를 만난 친구는 먹을 것을 가지고 왔냐고 물었다. 쇠똥구리는 그때서야 섬을 떠나기 전에 했던 약속을 떠올렸다. 쇠똥구리가 빈손으로 왔다는 사실을 안 친구는 화를 냈다. 그러자 쇠똥구리는 대답했다.

"나를 너무 탓하지 마. 이곳에서 육지는 너무 멀어. 그곳에는 먹을 것이 많았지만 그것을 여기까지 가지고 오는 것은 불가능한 일이야."

이야기는 여기서 끝난다. 두 쇠똥구리가 다시 화해했을까. 그것은 중요하지 않다. 섬에 남았던 쇠똥구리는 그 후로 상대방을 신뢰하지 않았을 것이다.

그렇다면 동업은 무조건 나쁜 것일까? 그렇다고 할 수 있지만 꼭 그런 것만은 아니다. 상대방이 가진 자본이나 기술, 네트워크를 활용하면 사업의 성공 가능성을 두 배 이상 높일 수 있다. 홀로 사업하는 것보다 부담도 확 줄어든다. 나름 장점이 많다는 의미다.

다만 앞서 언급한 두 조건을 충족시킬 자신이 있거나 최악의 경우 동업자를 위해 내 것을 버릴 각오가 있어야 한다. 동업에 나서기 전에 그렇게 할 수 있는지 자문해봐야 한다. 이 질문에 대답할 자신이 없다면 힘들더라도 혼자 사업하는 방법을 찾는 게 후회를 막는 길이다.

02 감언이설 속에 숨은 독을 찾자

웅진그룹이 몰락한 원인으로 여러 가지 사안을 꼽을 수 있지만 가장 결정적인 것은 역시 최고경영자인 윤석금 회장의 판단 착오일 것이다. 대부분의 자수성가한 기업인이 범하는 잘못 중 하나가 어느 순간 사탕발림에 속는다는 점이다. 성공에 취해 자신을 대단한 사람으로 여기고 잘한다는 말만 듣고자 한다. 당신이야말로 더 원대한 목표를 이룰 수 있다며 그럴 듯한 근거를 제시하는 사람의 말에 귀를 기울인다. 그동안 심사숙고하며 투자 판단을 하던 신중함을 잃고 마치 귀신에 홀린 듯 섣부른 결정을 내린다.

지난 2005년 윤 회장에게도 이런 일이 일어났다. 당시 그는 보스턴컨설팅그룹 등 젊은 유학파 컨설턴트들을 대거 영입했다. 웅진그룹은 대기업 대열에 올랐지만 이에 적합한 시스템을 갖추지 못했다고 그는 판단했다. 이들 인재를 통해 혁신을 단행하려 했던 것이다. 컨설턴트들은 평소 윤 회장이 관심을 보였던 건설과 금융, 에너지 관련 사업의 성공 가능성을 이론화하는 작업을 담당했다. 윤 회장은 장밋빛 꿈에 젖어 이들의 제안을 전폭적으로 수용했다. 분명 반대 의견도 있었을 것이다. 하지만 윤 회장의 굳은 의지에 다른 목소리를 낼 수 없었다.

그 결과가 극동건설과 서울저축은행 인수, 태양광 사업 진출이다. 감당하기 어려운 자금이 투입됐지만 이론만 있고 경험이 부족했던 컨설턴트들의 달콤한 속삭임을 너무 믿은 탓에 윤 회장은 결국 잇따라 독배를 마시게 됐다.

경영자나 지도자들이 감언이설에 속지 말아야 한다는 교훈을 주는 우화는 매우 많다. 후안 마누엘의 '까마귀와 여우 이야기'도 이런 내용이다.

어느 날 까마귀가 큰 치즈 한 조각을 입에 물고 높은 가지 위에 올라갔다. 남들에게 빼앗기거나 먹는 데 방해를 받을까 걱정해서였다. 이 까마귀를 발견한 여우는 치즈를 빼앗을 속셈으로 감언이설을 쏟아냈다.

"까마귀 님, 오래 전부터 당신의 고운 자태에 대한 얘기를 많이 들었는데 오늘에서야 보게 되는군요. 당신은 생각했던 것보다 기품이 넘칩니다. 이건 정말 아부가 아닙니다. 비록 당신은 모든 것이 새까맣지만 세상에서 가장 아름다운 공작 깃털 같은 푸르스름한 빛을 발합니다. 부리며 다리며 날개 역시 어느 새도 따르지 못할 만큼 아름답고, 그 쓰임도 훌륭할 것 같군요. 분명 당신의 노래 소리도 청명할 것이 틀림없겠죠? 모든 것을 갖춘 분이 목소리가 나쁠 리 없으니까요. 당신의 목소리를 들을 수만 있다면 저는 이 세상에서 가장 행복한 존재가 될 겁니다."

처음에 의심을 갖고 있던 까마귀는 온갖 말로 칭송하는 것을 듣고 진짜 자신이 그런 존재라고 착각했다. 여우가 치즈를 빼앗으려 한다는 생각은 못하고 그만 자기도취에 빠졌다. 이에 까마귀는 여우에게 목소리를 들려주고자 입을 벌려 노래를 불렀다. 그러는 사이 치즈는 땅으로 떨어졌다. 여우는 그 치즈를 가지고 도망가 버렸다.

가끔 최고경영자는 아부 듣기를 원한다. 때론 그것이 사업을 추진하는 활력소가 되기도 한다. 특히 새로운 분야에 진출할 때 자기 확신은 매우 중요하다. 잘하고 있는 것에 대해 높은 평가를 받는다면 흔들리지 않는 마음을 잡을 수 있다. 아부가 역기능만 있는 것은 아니라는 얘기다.

하지만 중대한 시기에 일방적 찬사를 너무 믿는다면 치명적인 독이 될 수 있다. 좋은 말을 하는 상대방의 의도를 먼저 생각해봐야 한다. 그것이 회사를 망칠 감언이설인지 아니면 최고경영자를 포함한 임직원에게 힘을 주는 격려인지 냉철하게 판단해볼 필요가 있다. 그것을 잘 분별하기 힘들다면 시간을 두고 기다리는 게 바람직하다. 경영자에게 '세월이 약'이 되는 시기도 있기 때문이다.

만약 웅진 윤 회장이 컨설턴트들의 제안을 좀 더 조심스럽게 받아들였다면 어떻게 됐을까? 바로 사업을 추진하는 대신 시간을 두고 시장을 파악해 보는 여유를 가졌다면 웅진그룹의 몰락을 막을 수 있지 않았을까? 최소한 알짜 사업인 코웨이를 매각하는 비극은 피했을 것이고, 월급쟁이의 신화를 계속 이어갈 수도 있지 않았을까? 두고두고 아쉬운 대목이다.

03 한 송이 꽃보다 아름다운 꽃다발

　매년 연말연시가 되면 주요 그룹과 기업들은 사장단을 포함해 임원 인사를 단행한다. 그룹 총수들은 능력 있는 사람을 가장 적합한 곳으로 보내기 위해 고심에 고심을 거듭한다. 임직원 개개인이 보여준 실적뿐 아니라 그들의 성향과 잠재력, 관심사까지 두루 감안해 가장 적당한 자리로 보낸다면 바랄 나위가 없겠지만 이것이 말처럼 쉬운 일은 아니다. 실상을 객관적으로 파악하기 어렵기 때문이다.

　가장 큰 장애물은 인사권을 가진 상사와 부하 직원이 학연과 지연 등 특수 관계로 얽혀 있다는 점이다. 그러다 보니 인사권자의 친소에 따라 편향된 결정을 내리기 십상이다.

인사를 제대로 못하면 조직에 활력이 떨어지고 새로운 아이디어가 잘 나오지 않는다. 인사에서 소외된 사람은 자신의 능력을 펼치지 못할 뿐 아니라 심지어 회사에 부담만 주는 존재로 전락하고 만다.

잘못된 인사의 폐해가 대규모 투자 실패와 맞먹을 정도로 크다고 주장하는 경영학자들도 있다. 투자 실패는 금전적 손해로 끝나지만 사람을 잘못 쓰면 조직, 더 나아가 기업 자체를 와해시킬 수도 있다는 점에서 그 피해가 더 클 수도 있기 때문이다.

중국 작가인 아이칭이 쓴 '원예사의 꿈'은 탕평 인사 또는 고른 인사, 다양한 인재 발탁과 관련해 최고경영자에게 영감을 줄 만한 이야기다. 한 종류의 꽃보다는 여러 특성을 가진 꽃이 모여 더 멋진 아름다움을 이룰 수 있다는 게 주제인데 내용은 이렇다.

뜰 안에 수백 그루의 월계수를 심은 원예사는 그렇게 해야만 매달 꽃을 감상할 수 있다고 믿는 사람이었다. 그의 뜰 안에는 수많은 종류의 월계꽃이 있었다. 그의 취미를 알고 있던 친구들은 오직 월계꽃만을 보냈다. 색상은 서로 다르지만 똑같은 모양을 가진 월계꽃이 언제나 만발해 있었다.

어느 날 그는 꿈을 꿨다. 그가 월계꽃들의 가지를 정리하고 있는데, 갑자기 여러 종류의 수많은 꽃들이 울타리 안으로 밀려

들었다. 얼마나 많았는지 전 세계 꽃들이 모두 정원으로 들어온 것 같았다. 원예사는 울상이 돼 그 꽃들을 망연자실 바라보았다. 그때 모란꽃이 말했다.

"저는 당신의 울타리 안으로 들어오고 싶지 않았지만 다른 꽃들이 잡아끌기에 온 거예요."

이번엔 나팔꽃을 비롯해 온갖 꽃들이 떠들기 시작했다.

"우리가 밉게 생겼나요? 꽃마다 다 개성이 있잖아요? 왜 차별하시는 건가요? 저는 선인장인데, 부드럽지는 않지만 굳건한 영혼을 갖고 있답니다."

꽃들의 말을 듣고 나서 월계꽃도 입을 열었다.

"우린 정말 심심했어요. 여러 언니 꽃들과 같이 있을 수만 있다면 훨씬 더 행복해질 수 있을 거예요."

이어 다른 꽃들 합창하듯 말했다.

"사랑을 혼자 독차지하는 것은 좋은 일이지만 그 뒤에는 헤아릴 수 없는 원망이 묻어 있는 법이지."

이 말을 끝으로 뜰 안에 들어왔던 꽃들은 어디론가 사라졌다. 동시에 원예사도 잠에서 깨어났다. 그는 답답한 가슴을 안고 뜰을 거닐며 이런 생각에 잠겼다.

'꽃들에게는 나름의 의지가 있다. 나는 한 꽃만 너무 편애해 여러 꽃들이 불만을 갖도록 만들었다. 내 스스로도 매너리즘에 빠져 멍청해지고 말았다. 짧은 게 있어야 긴 것을 볼 수 있고, 작은 게 있어야 큰 것을 볼 수 있으며, 미운 게 있어야 고운 것을 볼 수 있다. 오늘부터 뜰은 꽃 세계가 돼야 한다. 모든 꽃들이 자기 계절에 마음껏 필 수 있도록 하자.'

중국 역사 상 가장 용인술이 뛰어난 사람 중 하나가 맹상군이다. 그는 개 흉내와 닭 울음소리를 잘 내는 천한 사람까지 등용해 위기를 극복했다는 '계명구도(鷄鳴狗盜)'의 고사 성어를 만든 장본인이다. 위기에 직면하면 평소 성실했던 사람보다는 다소 문제가 있더라도 돌파력이 강한 인재가 필요하다.

맹상군에 앞서 포숙과 함께 '관포지교'라는 말을 만든 관중도 사람을 잘 쓴 모범 사례에 속한다. 그는 각계 전문가를 적재적소에 배치해 자신이 모시는 군주 제나라 환공을 천하 패자로 등극시켰다. 한나라를 세운 유방 역시 전쟁 천재인 한신, 행정의 달인 소하 등 여러 분야의 인재를 잘 활용해 새 왕조를 열었다.

다양한 재능을 가진 사람들이 자신이 가장 잘할 수 있는 일을 하면서 회사나 조직을 성장시키도록 하는 게 이상적인 인재 운용 방식이다. 그러기 위해서는 한 쪽에만 치중된 인사를 하고 싶은 유혹을 최고경영자가 이겨내야 한다. 한 송이 꽃보다 많은 종류의 꽃들이 어우러진 정원이 더 아름다운 법이다.

04 실력을 미리 간파하는 혜안

"삼성 임원이 되면 노후는 보장된다."

다른 기업의 임원들이 약간의 시기와 부러움을 가지고 하는 말이다. 하지만 이는 진실의 반쪽만을 얘기한 것이다. 삼성 임원이 되면 노후는 보장되지만 수명이 단축될 수도 있기 때문이다. 그만큼 일을 많이 시키고 스트레스를 준다는 의미다. 물론 다른 기업 임원들이 일을 많이 하지 않는다는 것은 아니다. 상대적으로 삼성이 임원들에게 더 많은 의무와 책임을 부과한다는 뜻이다. 그렇다면 삼성은 어떤 기준으로 임원을 뽑을까?

간단하다. 실력과 실적이다. 최소한 외부에서 보기에 그렇다. '실력과 실적'이라는 말에는 많은 내용이 포함돼 있다.

실력이 있으려면 자기 관리를 잘하고 끊임없이 학습해야 한다. 일반 상식은 물론 전문 지식을 깊게 알아야 치열한 경쟁에서 살아남을 수 있고 현장 감각을 유지할 수 있다. 실적을 올리려면 우선 조직 관리에 문제가 없어야 하고 공격적이면서도 실익이 있는 영업 전략을 펼쳐야 한다. 이 목적을 달성하기 위한 용인술도 필수 조건이다. 시스템을 개선해 나가야 하고 팀원 개개인의 효율성을 극대화하는 것도 중요하다. 이 모든 것이 모아져 '실적'이라는 성과물이 탄생한다.

그렇다면 실력과 실적을 두루 충족시킬 수 있는 인재는 어떻게 선발할 수 있을까? 사람의 잠재력을 미리 간파해야 한다는 얘긴데, 이 질문에 인사권자인 최고경영자들은 머뭇거린다. 아직 증명되지 않은 문제의 해답을 풀어야 하는 일이기 때문이다.

후안 마누엘이 쓴 '아랍의 세 왕자'에 나오는 왕도 같은 고민이 있었다. 그러나 그는 지혜롭게 이 과제를 해결했다. 그의 이야기 속에서 우리는 잠재력 있는 인재를 고르기 위한 힌트를 얻을 수 있을 것이다. '무심코 하는 행위'에서 실력과 실적을 만족시킬 인재와 그렇지 않을 사람을 고를 수 있다는 게 그가 주는 교훈이다.

아랍 왕은 세 명의 왕자를 두고 있었다. 왕이 노년에 접어들자 신하들은 누구를 후계자로 세워야 하는지 알려달라고 간청했다. 왕은 한 달 후에 알려주겠다고 말하고 그동안 자신의 후계자로 적합한 왕자를 선택할 생각이었다.

왕은 먼저 첫째 아들을 불러 내일 일찍 말을 타고 성을 돌아보자고 제안했다. 다음날 아침 장남은 왕과 약속한 시간보다 늦게 도착했다. 왕은 왕자에게 옷을 입어야 하니 의상을 골라오라고 말했다.

왕자는 왕의 옷을 담당하는 시종에게 왕이 사냥 나갈 때 입는 옷을 달라고 했다. 신발과 말 장식도 마찬가지였다. 왕자가 한 일이라고는 각 담당자가 준 것을 왕에게 전해준 것이 다였다. 왕이 왕자에게 말을 골라오라고 했을 때도 마구간을 책임지는 관리의 의견에 의존해 결정했다.

모든 것이 다 준비되자 왕은 "몸이 좀 불편해 나가지 못할 것 같다"며 "둘러보고 와서 얘기해 달라"고 말했다. 이에 왕자는 많은 시종들을 거느리고 음악을 연주하며 여기저기 둘러보았다. 일을 끝낸 뒤 왕은 왕자에게 둘러 본 소감을 물었다.

"연주 소리가 조금 시끄러웠던 것 빼고는 다 좋았습니다."

왕은 둘째 왕자에 대해서도 같은 요구를 했다. 차남 역시 장자와 크게 다르지 않았다. 모든 사안을 시종들에게 다 물어본 뒤에야 행동했다.

끝으로 왕은 막내를 불렀다. 왕자는 왕과 만나기로 한 날 약속 시간보다 훨씬 일찍 도착해 왕이 나오기를 기다렸다. 왕이 나오자 어떤 옷과 신발을 신겠냐고 묻고는 답변을 받자마자 즉시 필요한 물건을 스스로 찾아 가지고 왔다. 그리고 또 왕에게 여쭤보았다.

"어떤 말을 타고 가는 것이 좋을까요?, 안장과 장식은 어떤 것으로 할까요?"

이런 식으로 직접 물어보고 필요한 것을 바로 준비했다. 부친인 왕을 기쁘게 해주기 위해 최선을 다하고 있음을 누가 봐도 알 수 있었다. 밖으로 나갈 모든 절차가 끝나자 왕은 앞서 두 왕자에게 그랬듯이 "몸이 불편하니 너 혼자 보고 와서 얘기해 달라"고 말했다.

왕자는 시종들을 거느리고 나와 왕이 궁금해 할 가능성이 높은 곳을 모두 자세하게 살폈다. 또 백성들이 살아가는 모습도 보고 군사들이 제대로 근무하는지도 관찰했다. 이를 꼼꼼하게 메모하느라 막내 왕자는 저녁 늦게 궁궐로 돌아왔다.

"그래, 무엇을 보고 왔느냐?"

왕이 물었다. 이에 왕자는 대답했다.

"외람된 말씀을 올려도 될까요?"

"하고 싶은 말을 다 해봐라."

"왕께서는 국가를 잘 다스리고 계시지만 몇 가지 부분에서는 아쉬운 점이 있었습니다."

막내 왕자는 나라를 둘러보며 느낀 자신의 생각을 전하면서 개선해야 할 부문을 충언했다.

한 달이 지난 뒤 왕은 신하들을 불러 모아 후계자를 막내 왕자로 선포했다.

10대 그룹의 한 핵심 임원은 인사 기준과 관련해 이런 말을 남겼다.

"남이 시키는 일만 성실하게 일하는 것만으로는 최고 자리까지 올라가기 어렵습니다. 창의적인 생각으로 어떤 난제도 돌파하는 능력이 있는 사람이 결국 사장까지 승진하더라고요."

인사 담당자는 물론 일반 사람들도 곱씹어 볼 필요가 있는 명언이다.

05 호랑이 잡은 영웅이 파리를 잡다

《초한지》에서 유방과 항우 다음으로 흥미를 끄는 인물이 한신이다. 사마천의 《사기》 '회음후 열전'에서는 한신에 대해 다음과 같이 이야기한다.

한신은 찢어지게 가난한 집안에서 태어났지만 비상한 머리를 가진 천재였다. 하지만 출신이 너무 미천해 좀처럼 진면목을 발휘할 기회를 잡지 못했다. 진시황이 죽고 난세가 시작된 후 그는 항우와 그의 숙부인 항량이 이끄는 초나라 군대에 합류한다. 하지만 그곳에서도 중용되지 못하고 겉돌았다.

한신은 자신의 능력을 펼치기 위해 유방에 귀의한다. 우여곡

절 끝에 그는 유방의 측근인 하우 영과 소하에게 자신의 특별한 재능을 보일 수 있었다. 사람에 대한 안목이 뛰어났던 소하는 한신의 천재성을 인정해 유방에게 적극 추천했다. 유방은 화끈한 지도자였다. 소하의 말을 믿고 한신을 대장군(최고사령관)에 임명한 것이다.

그 후 한신은 '배수진'이라는 허를 찌르는 전략으로 군사가 10배나 많은 항우의 초나라 군대를 격파하고 중국 동쪽의 방대한 지역(연나라와 제나라)을 평정했으며 유방이 궁지에 몰렸을 때 구원하는 등 혁혁한 공을 세운다.

그의 천재적 능력을 인정하고 중책을 맡기지 않았다면 아마 유방은 초-한 전쟁의 최후 승리자가 되지 못했을 가능성이 높다.

최고경영자(CEO)는 인재를 많이 확보해야 기업을 키울 수 있다. 하지만 인재를 찾아내는 것만으로는 아무 것도 하지 않은 것과 마찬가지다. 발탁한 사람이 자신의 능력을 100% 발휘할 수 있는 장(場)을 제공해야 한다. 만약 유방이 한신에게 대장군 직책 대신 한 부대만을 통솔하는 권한을 줬다면 초-한 전쟁에서 한신의 덕을 많이 보지 못했을 것이다. 임직원 개개인의 잠재력과 능력을 정확하게 파악하고 적재적소에 배치하는 것이 최고경영자에게 얼마나 중요한지 시사해 주는 대목이다.

뛰어난 인재를 제대로 활용하지 않으면 어떤 결과가 일어나는지 극명하게 보여주는 이야기가 있다. 중국 작가인 진쟝이 쓴 '무송이 파리를 잡다'라는 패러디 우화다. 무송은 중국 고전 소설인 《수호지》와 《금병매》에서 맨손으로 호랑이를 때려잡은 장사로 나오는 인물이다.

무송이 경양강에서 호랑이를 잡은 뒤 인재를 중시하는 한 기관이 그를 발탁했다. 그러나 그 기관은 무송에게 호랑이를 잡는 일을 시키지도 않았고 큰 힘을 쓸 만한 업무도 맡기지 않았다. 무송은 매일 책상에 앉아 있자니 좀이 쑤시고 갑갑했다. 그때 사무실에 파리가 많을 것을 보고 파리를 잡기 시작했다. 그 사이 무송의 괴력과 날렵함은 무뎌졌다. 파리를 잡는 데는 그런 특별한 능력이 별로 필요가 없었기 때문이다.

어느 날 무송의 친구인 노지심이 찾아왔다. 문 안으로 들어선 그는 무송이 파리를 잡는 것을 보고 웃으며 말했다.

"호랑이를 잡았던 위인이 지금 파리를 잡고 있네 그려!"

무송은 심각한 표정으로 대답했다.

"그렇게 웃지 마시오. 여기에 앉아 있자니 너무 갑갑해서 죽을 지경이라오. 온몸이 쑤시고 견디기가 힘들다오. 이러다가는 다시 경양강을 넘지 못할 것 같소."

"왜 그런 생각을 하시오?"

"지금은 호랑이를 만나면 호랑이를 잡기는커녕 호랑이 밥이 되고 말 것 같소이다."

성장하는 기업과 정체된 회사를 가보면 확실하게 다른 풍경을 목격하게 된다. 잘나가는 기업은 누구나 할 것 없이 업무에 정신 없이 몰두한다. 할 일이 없어 어정쩡한 자세로 허송세월을 보내는 사람이 거의 없다. 모두 자신의 능력을 다 써야 맡은 업무를 해낼 수 있기 때문이다.

반면 활기를 잃은 기업은 겉으로는 모두 열심히 일을 하는 것처럼 보이지만 적지 않은 직원들이 업무와 관계없는 일을 한다. 능력의 절반만 써도 일을 하는 데 지장이 없다는 증거다. 이런 조직에는 뛰어난 인재가 오래 머물지 못한다. 생산성이 높은 사람일수록 도전할 목표가 없으면 다른 곳을 기웃거리기 마련이다.

기업 경영자나 간부들은 능력이 출중한데도 중용되지 않아 회사를 떠나려는 한신 같은 인물이나 너무 쉬운 일을 맡아 무료하게 시간을 허비하는 무송 같은 인재를 찾아내는 눈이 필요하다. 그렇다면 어떻게 직원들의 잠재력과 능력을 감별해낼 수 있을까? 사랑과 관심을 가지고 살피면 된다. 말은 쉽지만 실천에 옮기기는 어려운 일이다.

06 한 방에 성과를 내는 인재

이기태 전 삼성전자 사장은 '애니콜' 신화를 이끈 장본인이다. 애플의 아이폰 등장 이후 스마트폰에 밀려 지금은 사라진 브랜드가 됐지만 2000년대 초중반까지만 해도 삼성 애니콜은 국내 휴대폰 시장의 '대세'였다. 이기태 사장은 그 중심에 서서 삼성전자 내부뿐 아니라 업계 전체를 주도하는 인물이었다.

하지만 그가 처음부터 잘 나갔던 사람은 아니었다. 학벌도 화려하지 않고 입사 후에도 약 20년간 이른바 '주변 부서'만을 맴돌았다. 입사 동기에 비해 상대적으로 늦게 임원으로 승진해 몇 해를 보내다가 무선 사업부로 자리를 옮겼을 때 그것으로 직장 생활을 마감할 가능성이 높았다. 그것을 당연하게 생각하는 선후

배, 동료들도 많았다.

우선 그의 성격은 직선적이고 저돌적이었다. 대인 관계가 매끄럽지 못했다. 그러다 보니 마찰이 잦았고 조직에서 좋은 평가를 받기 힘들었다. 당시 무선 사업부는 거의 주목을 받지 못하는 조직이었다. 휴대폰 시장이 열리고는 있었지만 과연 삼성이 주도권을 잡을 수 있을지 미지수였다. 노키아와 모토로라 같은 선발 기업이 시장을 과점하고 있었기 때문이다. 그래서 무선 사업부로 발령 받은 것은 무덤에 들어가는 것이나 마찬가지로 보는 시각도 있었다.

하지만 이기태 사장은 낙심하지 않았다. 그는 좌충우돌하면서도 기회를 잡아 과감하게 도전하는 혜안과 용기가 있었다. 특히 필요할 때 '한방'을 날릴 힘을 가진 사람이었다. 그동안 좋은 평가를 받지 못했지만 단 한 번의 행운을 살려 '인생역전'을 이뤄낼 수 있는 저력이 있었던 것이다.

이건희 삼성 회장이 휴대폰 시장으로 눈을 돌리고 완벽한 품질의 제품을 만들라는 엄명이 떨어지자 이 사장은 일사분란하게 움직였다. 그와 무선 사업부 선후배 직원들은 '애니콜'이라는 브랜드를 만들고 좋은 제품을 개발하기 위해 밤낮을 가리지 않았다.

완성도 높은 신제품과 더불어 독창적이고 톡톡 튀는 마케팅으로 애니콜의 인지도는 급속히 올라갔다. 1990년대 중반부터 가

속페달을 밟았던 삼성 휴대폰 사업은 이기태 사장이 사령탑에 올랐던 2000년대 들어 꽃을 피웠다. 삼성 애니콜은 모토로라를 뛰어넘고 노키아를 위협하는 브랜드로 우뚝 섰다.

기업에는 이 전 사장과 같이 결정적 순간에 모든 것을 걸 수 있는 인재가 필요하다. 이런 사람이 있어야 신사업이 성공하고, 조직에 활력이 생긴다. 후안 마누엘이 쓴 '아랍인을 향해 바다로 뛰어든 영국의 왕 리차드'라는 이야기는 단 한 번의 성과가 얼마나 중요한지 일깨워주는 우화다.

중세에 한 은둔자가 있었다. 그는 착한 일을 행하면서 신의 은총을 위해 고행도 마다하지 않는 사람이었다. 신도 그에게 천국의 영광을 약속했다. 은둔자는 모든 것이 확실해지자 천국에서 함께 지낼 동료가 궁금했다.

그는 천사에게 누가 동료가 될지 알려달라고 부탁했다. 천사는 별로 좋은 생각이 아니라며 말렸지만 그는 자꾸 간청했다. 신은 어쩔 수 없이 천사를 보내 그의 천국 동료가 영국 왕 리차드라고 알려주었다.

은둔자는 그 말을 듣고 낙심했다. 리차드 왕은 싸움꾼으로 유명했다. 많은 사람을 죽이고 약탈했다. 은둔자는 리차드 왕이야말로 자신과는 정반대의 삶을 사는 인간으로 알았다. 그런 사람이 천국의 동료라니 믿을 수 없었다.

　이 사실을 인지한 신은 다시 천사를 보내 은둔자에게 놀라지도 불평하지도 말라고 충고했다. 리차드 왕은 단 한 번의 싸움으로 은둔자가 평생 쌓아온 선행보다 더 큰 업적을 남겼기에 더 큰 신의 은총을 받을 자격이 있다는 것이었다. 은둔자는 그것이 무엇이냐고 물었다. 신의 명령을 받은 천사는 다음과 같은 사연을 들려줬다.

　프랑스와 영국 등 유럽 각국의 왕들이 이교도인 아랍인을 무찌르기 위해 항해하고 있었다. 어느 날 항구에 도착해 보니 해안에는 엄청난 수의 아랍인들이 그들을 노려보고 있었다. 겁에 질린 프랑스 왕은 리차드 왕에게 사람을 보내 어떻게 해야 할지 물었다. 리차드 왕은 이렇게 얘기했다.

　"나는 하나님께서 분노할 일을 많이 저질렀다. 그래서 언제나 자신의 온몸을 던져 회개할 수 있는 기회가 오기를 빌었다. 신의 은총으로 마침내 그날이 왔다. 목숨을 걸고 아랍인과 싸운다면 신이 천국을 허락하실 것이다."

　그는 이렇게 말하고 말의 박차를 가해 해변에 있는 아랍인을 향해 뛰어들었다. 죽음을 무릅쓰고 돌진하는 그의 행동을 보고 영국 병사들은 뒤를 따라 적들에게 달려들었다. 이어 프랑스를 비롯한 다른 나라 군대도 용기를 내어 상륙에 동참했다. 필사적으로 돌진하는 병사들을 보며 이교도들은 겁을 먹고 도망가기 시작했다. 이 얘기를 다 듣고 난 은둔자는 리차드 왕이 천국의 동료가 된 것을 인정했다.

분란을 일으키는 사람이 기업에서 성공할 확률은 낮다. 원만한 성격과 대인관계를 유지해야 인정받고, 좋은 자리로 갈 수 있다. 그것은 자연스런 현상이다.

그러나 인간은 모두 똑같을 수 없다. 기회가 왔을 때 숨겨진 초인적 능력을 발휘하는 유형의 인재는 어디에나 있다. 평소 인간관계나 평판이 나빠도 필요할 때 큰일을 할 수 있는 이런 인재를 잘 활용하는 것도 최고경영자의 능력에 속한다.

07 기업을 망하게 하는 내부의 적

　사소한 실수가 치명적인 결과를 초래하는 것은 기업 경영에서도 마찬가지다. 이런 상황이 가장 극적으로 나타나는 분야가 증권과 자산운용업계다.

　2013년 12월 12일 한맥증권의 한 직원은 '코스피200' 12월물 옵션을 어처구니없는 시장 가격으로 거래해 눈 깜빡할 사이에 무려 460억 원이 넘는 손실을 냈다. 단순한 주문 실수가 엄청난 사건으로 발전한 것이다. 이로 인해 한맥증권은 부실 금융사로 전락했고, 회생이 불가능한 상태로 빠졌다.

　똑같은 일이 3년 전에도 일어났다. 2010년 11월 11일 와이즈에셋자산운용의 '옵션 쇼크'가 그것이다. 이 운용사 역시 한 직원의 주문 오류로 900억 원 가량의 손실을 본 뒤 문을 닫는 비운을 맞았다.

단순한 실수를 넘어 범죄 행위로 회사를 파산시킨 사례도 있다. 1995년 영국 베어링스 은행을 망하게 만들었던 닉 리슨이 주인공이다. 싱가포르 지점 직원이었던 그는 회사 몰래 선물 옵션을 거래하다가 적지 않은 회사 돈을 날렸다.

그러자 손실을 만회하려고 비밀계좌를 통해 한 번에 큰돈을 벌 수 있는 파생상품에 집중적으로 베팅했다. 투자 대상은 일본 닛케이주가지수 선물이었다. 그러나 1995년 1월 일본 고베 대지진으로 일본 증시가 폭락하자 천문학적 손실이 발생했다. 그의 잘못된 행위로 230여 년의 역사를 가진 베어링스는 파산했고 결국 ING에 매각되며 역사의 뒤안길로 사라졌다.

이처럼 기업에는 내부의 적이 있다. 이들은 여러 가지 유형으로 회사에 해를 끼친다. 가장 소극적인 행태가 할 일을 하지 않거나 작은 실수를 반복해 전체 사업을 지연시켜 망치는 경우다. 이런 직원은 결정적인 순간에 큰 잘못을 저지를 가능성도 높다. 물론 평소에 일을 잘하다가 운이 좋지 않아 실수를 하는 일도 있지만 확률로 따지면 높지 않다.

가장 적극적으로 해사(害社) 행위를 하는 직원은 닉 리슨처럼 경영진을 속이고 회사 돈을 횡령, 전용하는 사람이다. 겉으로는 잘 나타나지 않지만 유심히 관찰하면 발견할 수도 있다. 반드시 의심스런 이상 행동을 보이기 때문이다. 닉 리슨도 베어링스 경영진이 잘 보고 있었다면 미리 찾아내 미리 해고할 수 있었을 것이다.

'내부의 적'으로 활동하는 임직원이 얼마나 위험한 것인지에 대한 우화로는 러시아 작가 크르일로프의 '목동'과 '다람쥐'가 있다. '목동'에는 닉 리슨 같이 얼굴을 숨긴 악당이 등장하고, '다람쥐'는 열심히 일하지만 결국 회사에는 아무런 도움이 되지 않는 직원을 풍자한다. 먼저 '목동'의 내용이다.

한 마을에 한 목동이 살았다. 그는 지주의 양을 키웠다. 그런데 언젠가부터 갑자기 양들이 누군가에 의해 죽어갔다. 목동은 슬픔에 잠겼다. 주위 사람들은 목동을 불쌍하게 생각했다. 마을에 사나운 늑대가 나타나 양들 무리에 들어가 양을 한 마리씩 잡아먹는 것이라고 생각했다.

이에 사람들은 늑대 감시에 신경을 곤두세웠다. 그런데 참으로 이상한 일은, 늑대는 나타나지 않았는데도 양들은 계속 없어졌고, 목동의 집 난로 위에는 양고기 수프와 죽이 떨어지는 날이 없었다는 것이다.

사실 목동은 먼 마을에서 요리사로 일하다가 이 마을로 오면서 양치기로 변신했다. 그가 살던 지역과 이곳의 음식은 비슷했다. 사람들은 늑대를 찾아 온 숲을 뒤졌지만 발자국조차 찾을 수 없었다. 늑대의 용맹성만 높게 평가받고 목동은 계속 양고기를 맛있게 먹었다.

여기에 나오는 목동은 선한 모습을 가장한 인간 늑대다. 회사 자금이나 영업 기밀을 빼돌리는 사람도 겉모습은 충성도가 강하고 착한 직원으로 보일 수 있다. 다음은 '다람쥐'라는 우화다.

어느 축제 날 마을 주민들이 지주의 저택 창가 밑에 모여 있었다. 주민들은 창가에 매달린 바퀴 위를 열심히 뛰고 있는 다람쥐를 보고 있었다. 저택 근처 자작나무에 앉아 있던 개똥지빠귀도 다람쥐를 보았다. 개똥지빠귀가 다람쥐에게 물었다.

"어이, 친구 지금 뭘 하고 있는 거야?"

다람쥐가 대답했다.

"나는 지금 하루 종일 일하고 있어. 지주님이 나를 급사로 지명하셨거든. 그래서 먹지도 마시지도 않고 바삐 움직이는 거야. 숨 고를 시간도 없어."

말을 마친 다람쥐는 다시 바퀴 위를 달리기 시작했다. 그 모습을 보던 개똥지빠귀가 날아가며 중얼거렸다.

"그래, 네가 열심히 뛰어다니는 것은 알겠다. 똑같은 창가에
서 말이지."

여기 등장하는 다람쥐는 열심히 일하지만 회사에는 전혀 도움
이 되지 않는 일을 하는 직원과 다를 바 없다. 하루하루 맡은 업
무에 충실하지만 실적과는 무관한 일을 한다는 얘기다. 목적의식
없는 직원들이 이 함정에 빠지기 쉽다. 경영자는 이런 직원을 적
발해 제대로 된 업무를 맡길 의무가 있다.

경영자들은 예리한 눈을 가지고 회사 발전을 막는 내부의 적을
솎아낼 수 있어야 한다. 자금을 관리하거나 회사 이미지에 영향
을 주는 부서 직원에 대해서는 한 사람 한 사람 성향을 정확하게
파악할 책임이 있다. 그리고 정신적, 도덕적으로 문제가 있다고
판단되는 직원에 대해서는 즉각적인 조치를 취해야 한다. 이는
기업의 가장 큰 위험 요소를 미리 제거하는 길이기도 하다.

08   조직을 해치는 문제의 직원

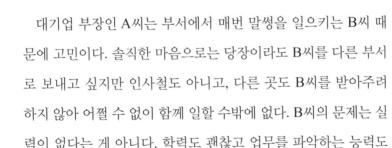

　대기업 부장인 A씨는 부서에서 매번 말썽을 일으키는 B씨 때문에 고민이다. 솔직한 마음으로는 당장이라도 B씨를 다른 부서로 보내고 싶지만 인사철도 아니고, 다른 곳도 B씨를 받아주려 하지 않아 어쩔 수 없이 함께 일할 수밖에 없다. B씨의 문제는 실력이 없다는 게 아니다. 학력도 괜찮고 업무를 파악하는 능력도 좋은 편이다. 하지만 이상하게도 그가 끼기만 하면 일의 진척이 잘 안 되고 직원들 사이에 반목이 생긴다.

　이유를 파악한 결과 B씨는 아주 좋지 않은 습관을 가지고 있었다. 무슨 일이든 그냥 넘어가는 법이 없이 자꾸 언쟁하려 들고, 그 과정에서 다른 사람을 비방하거나 폄하하는 일이 많았다. 그러다

보니 같이 일하는 동료들이 B씨가 포함된 팀에 들어가기를 꺼려
했다.

이런 상황이 반복되면서 B씨는 결국 조직의 생산성을 저해하
는 요주의 인물이 되고 말았다. A부장은 B씨에게 여러 번 주의를
주었지만 소용이 없었다. B씨의 타고난 성격을 고치는 것은 역부
족이었다.

어떤 조직이든 B씨와 같은 '트러블 메이커'가 있게 마련이다.
트러블 메이커들은 일이 잘 되면 다행이지만 조금이라도 잘못되
면 무조건 남 탓을 한다. 직원들을 이간질해 부서 조직을 콩가루
로 만들거나 판단을 내려야 할 때 머뭇거리면서 시간을 끄는 사
람도 있다. 주변의 조언을 전혀 듣지 않고 독단적인 결정으로 일
을 망치기도 한다.

사실 이런 트러블 메이커는 가급적 조직 생활을 하지 않는 것
이 바람직하다. 교수나 연구원 같이 혼자 일하는 직업을 갖는 것
이 적절하다. 불행하게도 현실은 그렇지 못하다. 그래서 다음과
같은 우화가 탄생했는지도 모른다. 프랑스 작가 라퐁텐의 '말썽
꾸러기 세 천사'라는 이야기다.

아주 먼 옛날 신(神)과 천사, 사람이 함께 모여 살았던 세상
이 있었다. 이곳에는 말썽꾸러기 세 천사가 있었다. 이들 중에

서 '언쟁 천사'가 가장 악명이 높았다. 언쟁 천사는 누구든 가리지 않고 싸움 붙이기를 좋아했다. 고자질을 하거나 나쁜 평판을 퍼뜨려서 서로 언쟁하게 만드는 게 그의 즐거움이었다.

이 천사에게는 '애매 천사'라는 동생이 있었다. 그는 어떤 일이나 애매하고 흐지부지하게 만들어 버리는 게 특기였다. 그가 개입하면 되는 일이 없었다. 어떤 목적을 달성해야 할 때 이 천사가 나타나면 자기도 모르는 사이에 포기하게 되는 게 다반사였다.

언쟁 천사에게는 또 '제멋대로 천사'라는 형도 있었다. 이 천사는 어떤 일이든 간섭해 자기 마음대로 하지 못하면 견디지 못했다. 세상의 모든 일은 여러 가지 견해나 방법이 있다. 한 가지 방법으로 시작했다고 해도 뜻하지 않은 문제가 생기면 노선을 바꿔야 한다. 그것이 올바른 방향으로 가는 지혜다. 그런데 제멋대로 천사는 까다롭게 지시할 뿐 아니라 갑자기 방법을 자기 마음대로 바꾸기도 했다. 그가 하는 일은 잘 진행되지 않았다. 이것이 제멋대로 천사가 노린 바였다. 그럼에도 제멋대로 천사는 일이 잘 되지 않으면 누가 지시를 듣지 않았기 때문이라며 남을 탓하기 일쑤였다. 불화가 초래될 수밖에 없는 상황을 만드는 것이다.

세 천사는 가는 곳마다 항상 문제가 끊이질 않았다. 사람들이 다투고 있는 현장에는 반드시 세 천사의 음모가 있었다. 신과 다른 천사들은 신념과 힘이 있어 세 천사에게 현혹되지 않았다. 그러나 사람들은 달랐다. 세 천사의 말을 듣고 문제를 일으키는 일이 허다했다. 사람들이 세 천사에게 현혹되면 신과 천사들에게도 혼란이 생겼다.

그래서 신과 다른 천사는 사람과 갈라서기로 결정했다. 신과 천사가 사는 세상에서 인간이 함께 살지 못하게 된 이유다. 그 이후 세 천사는 신과 천사보다는 사람이 사는 곳에 내려와 분란을 일으키는 작전을 폈다.

세 천사를 조직에서 일하는 직원에 대입해보면 이렇게 해석할 수 있다. 언쟁의 천사는 사람들을 서로 다투고 반목하게 만들어 조직의 힘을 분산시키는 직원이다. 회사든 단체든 이런 사람은 조직의 경쟁력을 저하시킨다.

애매의 천사는 결단을 못 내리고 방향을 잡지 못해 일의 진행을 더디게 만드는 부서장이나 직원을 상징한다. 이런 특성을 가진 인물이 요직에 있으면 조직은 의미 있는 성과를 내기 어렵다. 업무의 추진력도 사라진다.

제멋대로 천사는 독단적인 결정으로 일을 크게 그르치는 직원이라고 할 수 있다. 제멋대로 일을 하게 만들어 망치는 것보다는 차라리 일을 하지 않는 편이 더 나을 수도 있다. 제멋대로 천사 같은 직원의 위험성이 가장 큰 이유다.

기업을 맡은 경영자는 조직 내에 숨어 있는 트러블 메이커를 반드시 파악해둬야 한다. 인사(人事)에 중요한 정보로 활용해야 하기 때문이다. '말썽꾸러기 천사'로 분류된 직원에 대해서는 특별한 관리가 필요하다. 어떤 분야에서 이들의 능력이 뛰어나 꼭 써야 한다면 가급적 다른 직원과 협업하는 비중을 줄여야 한다. 말썽꾸러기 천사를 최소화하거나 그들을 적절하게 배치하는 것도 기업의 경쟁력을 높이는 일이다.

비서를 쓸 때 적용해야 할 기준

2006년 3월 26일 아침. 서울 양재동 현대차그룹 본사에 검찰의 압수수색 팀이 전격 투입됐다. 수색 팀은 곧바로 총수의 비자금 관련 문서가 있는 곳으로 직행했다. 내부 제보가 없었으면 알 수 없는 곳이었다.

이날 수색으로 검찰이 얼마나 만족할 만한 자료를 확보했는지는 확인되지 않았다. 그러나 이렇게 시작된 검찰 수사는 2년 후 그룹 총수에 대해 수백억 원대의 비자금과 회사 자금 횡령 혐의로 징역 3년에 집행유예 5년, 사회봉사명령을 선고하는 시발점이 됐다.

2007년 10월 오랜 기간 삼성그룹의 법무 팀에 몸담았던 김용

철 변호사는 삼성 비자금 문제를 폭로했다. 그 후 2개월이 지나 특검은 삼성에 대한 본격적인 수사에 들어갔다. 이듬해 삼성은 총수 일가 퇴진과 그룹을 총괄했던 전략기획실 해체 등 경영쇄신안을 발표했다. 2009년 법원은 삼성 총수에 대해서도 징역 3년에 집행유예 5년, 벌금 1,100억 원을 선고했다. 삼성의 비자금 수사 역시 내부 고발자로부터 촉발된 셈이다.

이처럼 내부 고발자는 최고경영자(CEO) 입장에서는 엄청난 위험 요소다. 물론 내부 고발자는 기업의 불법 행위를 막고 투명 경영을 유도하는 순기능도 한다. 그러나 회사에는 최고경영자와 핵심 임원들만 알아야 하는 기밀도 많다. 외부에 알려지면 기업에 치명적인 피해를 입히는 핵심 기술이나 경영 노하우 등이 그것이다. 따라서 경영자의 일거수일투족을 파악하고 있는 비서나 측근은 회사나 상사에 대한 충성심이 강하면서도 입이 무겁고 신중한 사람을 뽑아야 한다. 어떤 사람이 이런 유형에 속하는지는 루미의 '두 노예'라는 이야기에서 힌트를 얻을 수 있다.

왕이 노예 둘을 사서 쓸모가 있을지 알아보라고 장관에게 보냈다. 얼마 후 장관이 보고서와 함께 두 노예를 왕에게 돌려보냈다. 왕은 과연 장관의 평가가 옳은지 직접 알아보기로 했다. 첫 번째 노예를 불렀다. 그를 보고 왕은 기분이 좋아 중얼거렸다.

"잘 씻고 다듬으면 괜찮은 인재가 되겠어."

몇 마디 말을 나누자 재치 있는 말솜씨가 더욱 마음에 들었다.

"헐값에 잘 샀어."

두 번째 노예가 왕 앞에 나왔다.

왕은 그를 보자 저절로 얼굴이 찡그려졌다. 이빨은 썩었고 가까이 오자 몸에서 고약한 냄새가 났다.

"너는 거기 멀리 떨어져 기다려라."

그리고 첫 번째 노예에게는 목욕탕에 가서 씻고 오라고 말했다. 그가 씻으러 간 뒤 두 번째 노예에게 왕은 말했다.

"장관은 네가 훌륭한 비서감이라는 의견을 보내 왔더구나. 그런데 내 눈에는 몇 가지 흠이 있어. 물론 표피적인 것이지만. 나도 사람은 겉보다 속이 중요하다는 것쯤은 안다. 어쨌든 장관은 네가 다른 노예 100명의 가치가 있다고 했어. 하지만 방금 목욕탕으로 보낸 네 동료가 너에 대해 한 말이 걸리는구나. 그의 말이 옳다면 나는 지금 너의 위장술에 속고 있는 거야. 그는 말하기를 너는 도둑이요, 거짓말쟁이에다가 예의도 모르는 건달이라고 하더군. 이에 대해 너는 무슨 할 말이 있느냐?"

"폐하, 저는 그를 매우 성실한 사람으로 알고 있습니다. 그는 남에게 악의를 품는 사람이 아닐 겁니다. 그가 저에 대해 그렇게 말했다면 제가 보지 못한 저의 모습을 본 것이겠지요. 예, 틀림없이 그럴 겁니다."

"좋아 그렇다면 그는 보지 못하고 너는 볼 수 있는 그의 결함은 없더냐? 솔직하게 말해 봐라."

"폐하, 저는 그와 함께 일하는 것이 언제나 좋았습니다만 굳이 물으시니 답해 올리겠습니다. 그에게 결함이 있다면 재치가 있고 다정하며 사람을 편하게 해주는 점이라 하겠지요. 무엇보다 그의 가장 큰 결함은 너무 너그럽다는 겁니다. 아, 또 다른 결함이 있어요. 일이 잘못되면 그는 언제나 자기 자신을 나무랍니다. 다른 사람에게는 늘 관대하고요."

바로 그때 첫 번째 노예가 목욕을 마치고 올라와 왕에게 물었다.

"폐하, 저 친구가 저에 대해 뭐라고 말했습니까?"

"말은 많이 들었지만 되풀이하고 싶지 않다. 다만 네가 두 얼굴을 가졌고, 안과 밖이 다르다고. 겉으로는 온갖 병을 고쳐주는 사람처럼 보이지만 실은 온갖 병을 퍼뜨리는 자라고 말했다."

그러자 첫 번째 노예는 성이 머리끝까지 치밀어 올라 소리를 질렀다.

"그럴 줄 알았습니다. 처음 만날 때부터 저놈이 거짓말쟁이에 입술이 더럽고 마음도 삐뚤어진 사기꾼임을 알았지요."

그러자 왕이 손가락을 그의 입술에 대고 말했다.

"그만 됐다, 됐어. 너희가 어떤 존재인지 알아보기 위한 시험이었다. 자, 이제 네가 겉모습은 근사해 보이지만 속은 썩을 만큼 썩었고, 네 동료는 그의 반대임을 알았으니 나는 너를 저 멀리 내쫓고 너의 동료는 가까이 불러 내 일을 돕도록 하겠다."

평소 어떤 사람이 주변 사람들을 평가하는 것을 보면 그 사람의 성향을 알 수 있다. 입을 열 때마다 다른 사람의 잘못을 지적하거나 비난하는 사람은 자신이 몸담았던 회사나 보좌했던 상사에 대해서도 온갖 험담과 비밀을 떠벌릴 가능성이 높다.

반면 두 번째 노예처럼 가급적 남의 장점을 높게 평가하고 자신을 낮추는 습관이 몸에 익은 사람은 기밀도 잘 지켜줄 확률이 높다. 물론 겉과 속이 완전히 다를 수는 있지만 오랜 기간 주의 깊게 지켜본다면 사람의 성향과 진의를 가려낼 수 있을 것이다.

10 기본실력 없는 화합은 의미 없다

"완전히 새로운 KT를 만들겠습니다."

2009년 1월 14일 KT 최고경영자(CEO)로 선임된 이석채 전 회장은 이렇게 개혁과 혁신을 다짐하며 임기를 시작했다. 그는 취임과 함께 대규모 조직개편을 단행했고 임원들도 대거 교체했다. 본사와 사업부서의 조직을 축소하고, 그 대신 지역본부와 영업부문을 강화했다. 이 과정에서 수천 명이 회사를 떠났고 남아 있는 임직원들도 변신을 위해 몸부림쳤다. 경영을 총괄하는 센터를 신설해 개혁이 제대로 이행되는지 점검했다. 이석채 전 회장을 선장으로 둔 KT호는 정말 전혀 다른 기업으로 변신하는 모습을 보였다.

그 후 5년이 지난 2014년 1월, 황창규 전 삼성전자 사장이 KT의 새로운 사령탑에 올랐다. 분명히 이석채 전 회장이 KT를 개혁했음에도 불구하고 새로운 회장은 다시 개혁과 혁신을 외쳤다. 황 회장 역시 취임 이후 대대적인 경영쇄신에 나섰다. 그의 구조조정 강도는 더 셌다.

'특별 명예퇴직'이라는 명목으로 8,000명이 넘는 인력을 줄이기로 했다. 수익을 내지 못하는 사업부를 축소하고 이석채 전 회장 시절 합류했던 상당 수 임원들을 물갈이했다. 그 자리에는 삼성 출신을 포함해 황 회장과 보조를 맞출 인물들로 채워졌다.

황 회장이 주도하는 KT의 변신 노력이 어느 정도인지 평가하기에는 이르다. 그러나 그 의욕과 개혁의 진행 방향은 이석채 전 회장의 취임 초기와 크게 다르지 않다. 과연 황 회장은 KT를 항구적으로 개혁할 수 있을까?

이 질문에 대한 답은 시간이 지나면 나올 것이다. 다만 한 가지 명심해야 할 것은 기본 실력이 없는 상황에서 인력을 재배치하고 조직개편을 단행하는 액션만으로는 진정으로 변신하는 데 한계가 있다는 사실이다. KT와 같이 황 회장이 전임자의 개혁을 인정하지 않고 다시 혁신하겠다고 나선 게 대표적인 사례다.

이와 관련한 메시지는 러시아 크르일로프의 우화 '사중주단'이 잘 그리고 있다.

말썽꾸러기 긴꼬리원숭이와 당나귀, 산양, 그리고 다리 굽은 곰이 사중주단을 만들기로 했다. 이들은 악보를 구하고 비올라와 콘트라베이스, 두 개의 바이올린을 구해 보리수 아래 풀밭에 앉았다. 이들은 자신들의 음악으로 세상을 매혹시킬 것이라 확신했다.

멤버들은 바이올린 활을 켜고 이것저것 두드려 보았다. 이때 긴꼬리원숭이가 소리쳤다.

"얘들아 멈춰, 멈추라니까. 기다려 봐. 음악이란 그런 게 아니야. 그렇게 앉는 것이 아니야. 곰은 콘트라베이스를 갖고 비올라 맞은편에 앉아. 나는 제1바이올린이니까 제2바이올린인 염소와 마주 앉을게. 그러면 우리 음악이 더 근사해질 거야. 아마 숲과 산이 춤이라도 추지 않을까?"

모두 제 자리에 앉아 사중주를 연주하기 시작했다. 그러나 화음이 전혀 맞지 않았다. 이번에는 당나귀가 소리쳤다.

"잠깐만. 내가 비법을 발견했어. 우리들이 한 줄로 나란히 앉아야 화음이 이루어질 거야."

당나귀의 말에 따라 모두 점잖게 한 줄로 앉았다. 그러나 그래도 화음이 전혀 이루어지지 않았다. 그러다 보니 서로 전보다 더 말이 많아지고 누가 어떻게 앉을지 말다툼까지 하게 되었다. 이 소음 소리를 듣고 꾀꼬리가 그들에게 달려왔다. 모두가 꾀꼬리에게 해법을 청하기로 했다.

"꾀꼬리야, 한 시간만 우리에게 시간 좀 내줄래? 우리 사중주단이 제대로 할 수 있게 도와 줘. 우린 악기도 있고, 악보도 있어, 이제 어떻게 앉아야 되는 거니?"

그러자 꾀꼬리가 대답했다.

"음악가가 되려면 우선 자질이 있어야 하고 너희들의 귀가 음을 잘 파악할 수 있도록 훈련해야 한단다. 그런데 친구들아, 내가 보기에 너희들은 어떻게 앉아도 지금 실력으로는 도저히 음악가는 될 수 없어."

기업은 최고경영자 한 사람, 임원 몇 명이 바뀐다고 단기간에 바뀌지 않는다. 사업부서와 인력이 많은 대기업일수록 더 그렇다. 기업의 체질을 바꾸는 데는 생각보다 더 많은 시간이 필요하다.

그렇다면 개혁과 혁신의 핵심 성공 요인은 무엇일까? 임직원에 대한 끊임없는 교육과 훈련이 바로 그것이다. 임직원 개개인이 무능력한 상태에서 아무리 조직을 개편하고 시스템의 변화를 시도해봐야 성과는 크게 개선되지 않는다. 먼저 직원들이 어떤 식으로든 기본 능력을 키울 수 있는 장치를 마련해 놓고 중장기 발전 전략을 세워야 개혁과 혁신에 성공할 수 있다.

'기본 실력'이라는 전제 조건 없는 조직개편과 구조조정이 '반짝 효과'를 볼 수 있을지는 몰라도, 기업의 체질을 항구적으로 업그레이드하기는 어렵다는 얘기다. 동물 사중주단이 더 좋은 화음을 내기 위해 음악 공부와 연습은 하지 않고 자꾸 자리만 바꾸는 것과 크게 다르지 않기 때문이다.

11 때로는 필요한 선한 거짓말

엔론은 악의적 거짓말로 많은 피해자를 양산한 채 2001년 12월 파산했다. 가능하지 않은 매출을 장부상에는 실적으로 부풀려 기업 가치를 위장했다. 전형적인 분식회계였다. 이 사실을 몰랐던 투자자들은 한동안 엔론 주식에 열광했고 수많은 기업이 거래를 신청했다.

이러한 대사기극을 연출했던 사람은 제프리 스킬링 최고경영자(CEO)였다. 그는 무분별한 사업 확장에 따른 무수익 자산과 부실 사업이 늘자 다양한 방법의 분식회계를 활용했다. 정경유착과 뇌물 등 각종 불법을 저질렀다. 그러나 진실을 영원히 숨길 수는 없었다. 사실이 폭로되면서 엔론 주식은 휴지조각이 됐다. 엔론의 임직원들은 물론 거래 은행과 업체, 채권자들은 막대한 손실을 봤다.

이처럼 최고경영자의 거짓말은 사회 전체를 뒤흔들 만큼 파급력이 크다. 엔론의 변주는 한국에도 많았다. 하나하나 예로 들기도 힘들 정도다. 지금도 분식회계로 조사 받고 있는 경영자들이 얼마나 많은가. 쉽게 돈을 벌 수만 있다면 거짓말도 서슴지 않는 분위기가 척결되지 않는 이상 규모의 차이만 있을 뿐 엔론의 비극은 반복될 것이다.

하지만 최고경영자의 거짓말이 무조건 나쁜 것만은 아니다. 다른 사람을 파멸로 몰고 가는 악의적 거짓말은 당연히 안 된다. 하지만 기업을 살리고 임직원들이 잘 살 수 있도록 하려고 거짓말을 해야 하는 상황도 발생하기 마련이다.

최고경영자의 '엄살회계'가 대표적이다. 실적이 양호함에도 불구하고 미래를 위해 경영 상황이 좋지 않다고 엄살을 부리며 수치를 살짝 보수적으로 잡는 경영자들이 적지 않다. 인건비를 줄이거나 노사협상에서 유리한 위치를 차지하려는 '꼼수'로 이 방법을 쓰는 경우도 있지만 더 많은 최고경영자들은 우량한 기업을 만들어 궁극적으로 직원들의 고용을 보장하고, 거래업체와 투자자들이 이익을 얻는 것을 목적으로 일부러 회계 수치를 보수적으로 수정하려고 한다. 분명 엄살회계에는 약간의 거짓이 들어가겠지만 모두가 행복한 결말을 맞이하도록 한다는 점에서 분식회계 같은 악의적 거짓과는 근본적으로 다르다.

사아디의 우화 중에 '선한 거짓말'이라는 이야기가 있다. 사람을 죽이는 진실과 살리는 거짓말의 가치를 극명하게 대비해 삶의 진정한 가치가 무엇인지 깨닫게 해주는 우화다.

전쟁터에서 이방인(외국인) 포로가 잡혀 왔다. 왕은 적국 병사로서 많은 우군을 죽인 포로에게 무척 화가 났다. 포로를 살려두고 싶지 않았다. 왕은 이방인 포로를 당장 죽이라고 명했다. 포로는 더 이상 희망이 없을 것으로 보고, 입을 열어 자기 나라 말로 왕에게 온갖 험한 욕을 퍼부었다. 왕은 포로가 뭐라고 말하는지 알아들을 수 없었다. 그래서 말을 알아들을 수 있는 신하 두 명을 불렀다.

"지금 저 놈이 뭐라고 하는 거냐?"

착한 신하가 먼저 대답했다.

"지금 저자는 자기네 말로 코란의 한 구절을 큰 소리로 외우고 있는 것입니다."

"어떤 구절인가?"

"화를 참고 용서한 자들이 들어가는 낙원에 대한 구절이죠."

왕은 깊은 생각에 빠졌다. 그리고 포로에게 말했다.

"네가 나에게 큰 깨달음을 주었구나. 좋다. 화를 풀고 너를 용서하마. 일어나 가거라."

이때 다른 신하가 소리쳤다. 착한 신하와 경쟁하던 사람이었다.

"한 나라의 대신이 거짓말을 해서는 안 된다고 알고 있습니다. 특히 왕 앞에서는 그렇습니다. 왕께서는 지금 거짓말을 들으셨습니다. 포로는 코란을 암송한 것이 아니라 왕에게 온갖 욕설을 퍼부었던 것입니다."

왕은 다시 깊은 생각에 빠졌다. 그리고 입을 열었다.

"나는 그대의 참말보다 저 사람의 거짓말을 택하기로 했다. 그대의 참말은 남을 해치려는 마음에서 나왔고 저 사람의 거짓말은 착한 성품에서 나왔다. 그대가 보았듯이 착한 성품은 착한 행실을 만들기 때문이다."

엄살회계 역시 거짓말이라는 점에서 바람직한 것은 아니다. 만약 거짓이 있었다면 처벌을 받게 될 것이다. 법은 의도와 관계없이 결과를 보고 판단하기 때문이다.

만약 왕이 선한 의도를 보지 않고 거짓말을 했다는 사실 자체를 중요하게 여겼다면 코란 운운했던 선한 신하는 크게 꾸지람을 들었거나 처벌을 받았을 것이다. 반면 진실을 말한 신하는 칭찬을 듣고 승진했을지도 모른다. 포로는 처형을 당했을 것이다. 과연 이런 결과가 우리에게 행복감이나 감동을 주는가?

법에는 한계가 있다. 선한 거짓말이 필요한 이유다. 만약 최고경영자가 회사와 임직원을 살리기 위해 엄살회계 또는 엄살경영을 한다면 직원들은 그 선한 의도를 똑바로 보는 혜안이 있어야 한다. 최고경영자도 직원들이 그렇게 이해할 수 있도록 궁극적인 결과로 자신의 선한 마음을 증명할 필요가 있다.

12 상반된 방향으로 힘쓰기

마이크로소프트(MS)는 2013년 6월 '서피스'라는 브랜드로 태플릿PC를 내놓았다. 깔끔한 디자인에 노트북 대신 사용할 수 있도록 최신 윈도 운용시스템(OS)을 적용한 야심작이었다. 미국의 대표적인 IT기업답게 대대적인 마케팅으로 MS의 태플릿PC의 탄생을 알렸다.

하지만 MS의 역사를 아는 사람들에게는 태플릿PC 사업과 관련한 MS의 일련의 움직임은 만시지탄(晩時之歎)으로 보일 수도 있다. 태플릿PC 시장은 이미 애플과 삼성전자를 비롯한 강한 기업들이 지배하고 있어 뚫고 들어가기 쉽지 않다. 이런 측면에서 MS가 처음으로 태플릿PC를 만들어 시장을 선점하려 했던

2001년 당시 경영진의 잘못된 사업 판단은 두고두고 아쉬운 대목이다.

LG경제연구원은 2013년 8월 〈부서 이기주의, 갈 갈 바쁜 기업 발목 잡다〉는 제목으로 발표한 보고서에서 MS의 이런 사례를 가장 먼저 소개했다. 이에 따르면 MS는 2001년 태블릿PC를 만들었지만 주력 사업인 MS오피스 담당 부서장의 비협조로 시장에서 호응을 얻지 못했다. MS는 또 일찌감치 전자책 관련 기술을 개발했음에도 다른 부서의 견제와 방해로 신사업 기회를 놓쳤다.

이 보고서는 글로벌 혁신 기업으로 명성이 높은 제너럴 일렉트릭(GE)이 부서 이기주의로 어려움을 겪은 일도 다뤘다. GE헬스케어는 2001년 퍼포먼스 솔루션팀을 신설했다. 영상기기 판매 활성화를 위한 컨설팅 서비스 조직이었다. 처음에는 수익을 내며 잘 유지됐지만 2005년부터 유명무실한 조직으로 전락하기 시작했다. 솔루션팀과 유기적으로 움직여야 하는 일선 영업부가 도와주기는커녕 완전히 이 서비스를 무시한 게 원인이었다. 영업부 직원들은 퍼포먼스 솔루션팀이 제공하는 서비스를 고객들에게 잘 알리지 않았다고 한다.

LG경제연구원은 이 사례를 소개하며 '부서 이기주의가 심해지면 외부 환경 변화나 경쟁사의 추격보다 내부 동료들이 더 두려운 존재가 될 수 있다'고 지적했다.

이렇듯 기업의 여러 조직들이 한 방향으로 가지 않고 다른 방향으로 가는 게 얼마나 치명적인 잘못인지 깨우쳐주는 우화가 있다. 크르일로프의 '백조, 꼬치고기, 새우'라는 이야기다. 길지 않지만 긴 여운을 남기는 우화다.

어느 날 백조와 새우, 꼬치고기가 짐을 실은 수레를 옮기게 됐다. 짐을 옮기려고 셋이 모두 함께 수레에 매달렸다. 백조는 백조대로, 새우는 새우대로, 꼬치고기는 꼬치고기대로 필사적으로 힘을 썼다.

그러나 셋이 한참 힘을 써도 수레는 조금도 움직이지 않았다. 사실 수레에 실린 짐이 무거운 것은 아니었다. 그들 중 혼자 끌어도 움직일 수 있을 만큼 가벼운 것이었다. 문제는 그들이 힘을 쓰는 방향이었다. 백조는 수레를 끌고 하늘 위로 날려고 했고, 새우는 뒷걸음질 쳤으며, 꼬치고기는 앞으로 끌어당겼다.

작가는 우화 끝에 이런 논평을 덧붙였다.

"우리는 백조와 새우, 꼬치고기 중 누가 옳은지 판단할 수 없다. 단지 명확한 사실은, 수레의 짐이 아직 그곳에 그대로 있을 뿐이라는 것이다."

조직을 한 방향으로 가지 못하게 하는 요인은 무엇일까? 이에 대해 LG경제연구원은 세 가지를 꼽았다.

우선 기업의 성장이 둔화되면서 인력을 줄이고, 그 결과 부서 간 인적 자원 확보 경쟁이 벌어지면서 조직 간 반목이 생긴다는 것이다. 잦은 조직 재편성 역시 부서 간 화합을 방해한다. 또 조직을 수시로 없애거나 신설하면 현재 자신이 속한 부서의 권한이 축소되거나 원하지 않은 업무가 부여되는 것에 거부감을 갖게 되는데, 이 과정에서 다른 조직을 폄하하려는 경향이 발생한다. 끝으로 지나친 성과주의 인사로 내부 경쟁을 부추기면 기업을 한 방향으로 이끌기 힘들다는 점이다. 상벌을 명확하게 하는 성과주의 인사는 우수한 인재를 확보하는 순기능이 있지만, 그 정도가 너무 지나치면 다른 부서 또는 동료 직원들을 오직 경쟁 대상으로만 인식하면서 모두가 함께 매진할 공동 목표를 망각할 위험이 있다.

그렇다면 이런 부작용을 줄이는 방법은 무엇일까? 가장 중요한 것은 최고경영자가 회사에 만연한 부서 이기주의가 어느 정도인지 현황을 파악해야 한다는 점이다. 부서 이기주의가 지나치다고 판단하면 인사제도 개혁이나 의소소통 시스템 개선을 고려해 볼 필요가 있다.

이에 앞서 최고경영자는 스스로 공동 작업의 중요성과 그것이 실제로 큰 성과로 이어진다는 확신을 가져야 한다. 가시적인 성과를 냈을 때 그것을 전 직원들에게 알려 한 부서만 잘 나가는 것보다 여러 조직이 화합하면 더 큰 것을 이룰 수 있다는 신념을 공유해야 한다.

현재 인사고과가 극단적 보상시스템에 기반한 것인지도 살펴야 한다. 엄격한 보상제도는 장기적으로 볼 때 조직을 피곤하게 만들고, 비인간적 기업 문화를 만들 위험이 있다. 보상 외에 직원 개개인의 자기실현이 무엇인지 최고경영자는 꼼꼼하게 점검해야 한다.

13 위험한 참모가 초래하는 해악

대형 인수합병 실패와 무리한 투자로 웅진그룹이 몰락하기 전 윤석금 회장은 자신이 발탁한 젊은 인재들을 침이 마르도록 칭찬했다. 특히 외국 유명 대학에서 수학한 경영전문가들을 신뢰하며 지주회사의 요직에 앉혔다. 그는 자신이 쓴 한 저서에서 "젊은 사장 밑에서 일하는 게 창피한 일이 아니다"며 창업 때부터 고락을 같이 했던 나이 든 임직원들을 은근히 밑으로 보면서 홀대했다. 윤 회장의 이런 인재관이 반영돼 이른바 '가방 끈 긴' 컨설턴트들이 속속 웅진그룹에 합류했다.

하지만 결과적으로 윤 회장은 이들의 의견을 듣다가 위기를 자초하고 말았다. 컨설턴트들은 2007년 웅진홀딩스가 지주회사로 전환되면서 본격적으로 그룹 전략을 총괄하기 시작했다. 그들의 장기는 역시 기업의 인수합병(M&A) 분야였다. 대형 M&A를 통해 웅진그룹의 몸집을 키워야 한다는 그들의 의견은 윤 회장의 '기업가 정신'을 자극했다. 영업사원으로 출발해 성공 가도를 달렸던 윤 회장의 꿈은 당시에도 크게 부풀어 있었는데 여기에 바람을 힘껏 불어넣었던 것이다.

그 무렵 M&A 시장의 매력적인 매물로 부상한 것이 바로 극동건설이었다. 윤 회장은 컨설턴트들의 조언을 적극 수용해 이런저런 비용을 합쳐 7,000억 원에 달하는 거금을 주고 극동건설을 인수했다.

웅진그룹을 수렁에 빠뜨렸던 태양광 사업도 비슷한 과정을 거쳤다. 컨설턴트 출신들은 윤 회장의 핵심 참모 역할을 하며 웅진케미칼을 인수했다. 또 서울저축은행을 사들이며 금융업으로 영역을 확장하는 데도 일조했다. 이들이 주도해 인수한 회사들은 2008년 글로벌 금융위기 이후 모두 부실화되면서 그룹 전체를 침몰하게 만들었다. 비즈니스 현장 경험은 별로 없고, 이론에만 밝은 컨설턴트 참모들이 결과적으로 윤 회장에게 독배를 마시게 한 셈이 됐다.

참모를 잘못 쓰면 참담한 결과를 초래한다는 교훈을 주는 우화는 많다. 그중 찰스 스완이 편찬한 중세 유럽 설교 예화집인《로

마인 이야기》의 '간교한 노파'는 강렬한 인상을 남긴다.

정숙하고 아름다운 아내를 둔 기사가 있었다. 그는 오래 집을
비워야 하는 일이 생겨 출발하기 전 아내에게 말했다.

"나는 당신의 분별력을 믿소. 어떤 감시도 하지 않겠소."

남편이 자신을 믿어준 것에 기뻐하며 기사의 아내는 집에서
매일 살림을 하며 지냈다. 그러던 어느 날 축제를 같이 가자는
이웃의 간곡한 청에 이끌려 아내는 집 밖으로 나섰다. 축제에
서 한 청년이 그녀의 아름다운 자태를 보고 마음이 끌렸다. 그
는 기사의 아내를 사랑하게 됐고, 온갖 방법을 동원해 연애하려
고 했다. 하지만 정숙한 아내는 그 고백을 무시했다. 자신의 사
랑을 계속 거절하자 청년은 상심하고 건강도 나빠졌다.

낙심한 상태로 교회를 가던 중 청년은 노파를 만났다. 이 노
파는 겉으로는 경건하고 지혜 있는 척하면서 실은 사악한 마음
을 가진 모리배였다. 노파는 청년이 왜 마음이 상했는지 물었
다. 청년은 알아봐야 소용없다며 가던 길을 계속 가려고 했다.
그러자 노파가 말했다.

"어쩌면 자네에게 득이 될 수도 있어. 상처가 무엇인지 알면
치료 방법을 찾는 것도 불가능하지 않지. 하나님의 뜻으로 쉽게
치료될 수도 있어. 사연을 얘기해 보게."

노인의 설득에 넘어간 청년은 기사의 아내를 사랑하고 있다고 털어놓았다. 이야기를 듣고 노인은 대답했다.

"집에 돌아가 있게. 내가 자네 상처를 치유해줄 약을 곧 찾아줄 테니."

노파는 계략을 꾸미기 시작했다. 노파에게는 작은 개 한 마리가 있었다. 그 개에게 이틀간 먹을 것을 주지 않고 3일째 겨자가루로 빵을 만들어 굶주린 개 앞에 놓았다. 개는 그 빵을 먹자마자 겨자의 맛에 눈물이 핑 돌았고 하루 종일 눈물을 흘렸다. 노파는 그 개를 데리고 청년이 사랑하는 부인 집으로 갔다. 노파의 명성을 알고 있던 기사의 아내는 개가 울고 잇는 것을 보고 이유가 궁금했다.

노인은 너무 끔찍한 일이니 묻지 말라고 호기심을 자극했고, 그러면 그럴수록 기사의 아내는 더욱 더 사연이 듣고 싶어 했다. 그러자 노파는 우는 흉내를 내며 말했다.

"사실 이 개는 내 딸이었지. 어떤 젊은이가 내 딸을 사랑했는데 딸이 너무 잔인하게 거부하는 바람에 그 청년은 죽고 말았어. 모진 행동을 했던 내 딸은 벌을 받아 개로 변한 것이라오. 그리고 자신의 잘못을 후회하며 계속 울고 있는 거야."

이야기를 듣고 놀란 아내는 겁에 질린 나머지 자신을 사랑하는 청년에 대해 고백했다. 이에 노파는 말했다.

"청년의 고통을 무시하지 말게. 당신도 내 딸처럼 될 수 있을 테니. 청년에게 전갈을 보내 그의 사랑을 받아주시게. 그러면 당신에게 일어날 수도 있는 재앙을 막을 수 있을 것이야."

기사의 아내는 얼굴을 붉히며 대답했다.

"당신에게 그를 데려다 달라고 부탁해도 될까요?"

"내 즉시 그를 불러 오리다."

노파의 부름을 받은 청년은 즉시 기사의 아내와 밤을 보낼 수 있었다. 그러나 바로 그날 밤 기사가 돌아와서 노파와 아내, 청년을 모두 죽여 버렸다.

최고경영자가 참모를 쓸 때는 아무리 신중해도 지나치지 않다. 그만큼 핵심 인사를 뽑는 것은 기업의 성패를 가르는 데 결정적인 역할을 한다. 회사에 도움을 줄 진짜 참모와 노파 같은 사이비 인사를 분별하는 능력을 갖춘다는 것은 생각만큼 쉽지 않다. 인간이란 쉽게 남을 믿기도 하고 아부의 달콤한 맛을 뿌리치기도 어렵기 때문이다. 끊임없이 사람을 보는 안목을 키우지 않는다면 자신도 모르는 사이에 회사를 망치는 악당을 발탁할 수도 있다.

14 총수의 가신그룹은 양날의 칼

　2000년 3월 벌어진 현대그룹의 '왕자의 난'은 경영권 앞에서는 친형제도 없다는 실상을 보여준 사건이다. 그러나 재벌 총수 입장에서는 가신그룹을 경계해야 한다는 교훈을 주는 사건이기도 하다.

　이익치 현대증권 전 회장을 필두로 정주영 명예회장의 지근거리에서 그룹 발전을 이끌었던 가신그룹은 장남인 정몽구 회장을 밀어내고 정몽헌 회장을 총수로 세우려는 계획을 세웠다. 그들의 눈에는 정몽헌 회장이 현대그룹을 이끌 적임자로 보였겠지만 정몽구 회장 쪽에서는 가신그룹이 오직 자신들의 사익을 위해 음모를 꾸미고 있다고 생각했다.

갈등을 해소해야 했던 정주영 명예회장은 이성적인 판단을 내리기에는 노환이 깊었다. 결국 가신그룹은 정 명예회장의 수락을 받아 장자인 정몽구 회장을 밀어내고 정몽헌 회장을 세우는데 성공했다. 그해 3월 말 이를 공식적으로 발표하는 기자회견이 끝난 뒤 정몽구 회장은 가신그룹의 행위에 분통해하며 눈물을 흘렸다고 한다. 그 후 현대그룹이 어려워지면서 이들은 모두 경영일선에서 물러났지만 '왕자의 난' 과정에서 보여 준 그들의 모습은 가신그룹에 대해 다시 생각해 보게 만들었다.

기업의 총수를 포함해 조직을 이끄는 지도자들에게 '측근' 또는 '가신그룹'은 양날의 칼이다. 그들이 대의(大義)에 따라 행동하면 조직 내 분쟁을 줄이고 모두 성장할 수 있지만 그렇지 못하면 나락으로 떨어질 수 있기 때문이다.

물론 가신그룹을 움직이는 사람은 총수다. 총수가 중심을 잡고 측근들의 의견을 모두 청취한 뒤 공정한 결정을 내린다면 가신그룹의 발호가 큰 문제가 되지 않는다. 만약 정주영 명예회장이 이성적 판단을 내릴 수 있는 상황이었다면 왕자의 난은 다른 양상으로 전개됐을 가능성이 높다. 최소한 재벌 2세들의 이전투구 민낯이 그대로 드러나지는 않았을 것이다. 불행하게도 정 명예회장은 와병 중이라 그럴 수 없었다.

가신의 발호를 경계한 사건 중 가장 극단적인 사실(史實)은 '지록위마(指鹿爲馬)'라는 고사성어의 탄생에 얽힌 일화일 것이다.

진시황이 춘추전국시대를 통일하고 전국을 돌아다니다가 갑자기 서거하자 어린 아들 호해가 이세 황제로 권좌에 오른다. 진시황은 장자인 부소를 후계자로 지목했지만 호해의 가신인 환관 조고가 재상인 이사와 작당해 문서를 위조한 뒤 호해를 황제로 앉힌 것이다.

그 후 조고는 호해를 허수아비로 만들고, 권세를 독점한다. 사슴을 보고 말이라고 할 수 밖에 없는 '지록위마'의 고사가 등장한 배경이다. 조고는 대신들이 얼마나 자신에게 충성하는지 보기 위해 호해에게 사슴을 바치며 말이라고 한다.

호해는 그것이 사슴이지 어떻게 말이냐고 대신들을 돌아보며 반문했다. 그러나 조고의 권세에 겁을 먹은 주변 대신들은 이구동성으로 그것은 사슴이 아니라 말이라고 주장한다. 이 사건 이후로 황제 호해는 더 있으나마나 한 존재로 전락했고 모든 정사는 조고를 필두로 한 가신그룹이 농단한다.

가신들에게 둘러싸여 스스로 판단력을 잃은 총수가 얼마나 위험한지에 대해서는 사마천의 《사기》와 《한비자》에 나오는 노단(魯丹)의 이야기도 참조할 만하다.

춘추시대에 살았던 노단은 널리 알려진 인재로 중산국 군주를 세 번이나 찾아가 벼슬을 청했지만 성공하지 못했다. 왕이 노단의 능력을 알아보지 못했던 것이다. 그러자 이번에는 왕의 가신에게 뇌물을 주는 식으로 방법을 바꿨다. 그 효과는 곧바로 나타났다. 왕은 노단을 불러 관직을 주려고 했다.

왕에게서 물러나온 노단은 그 길로 중산국을 떠나려 했다. 그러자 종자가 노단에게 물었다.

"어렵게 벼슬을 얻었는데 그것을 포기하고 달아나려는 이유가 무엇입니까?"

"생각해 보아라. 왕은 내가 세 번이나 청했지만 나를 쓰지 않았다. 반면 측근이 한 마디 했더니 태도가 바뀌었다. 남의 말을 듣고 나에게 잘해주는 사람이라면 다음에는 남의 말을 듣고 나를 처벌할 수도 있지 않겠느냐."

노단의 예상은 곧 사실이 됐다. 그가 중산국 변경을 벗어나기 전에 한 신하가 "노단은 조나라 첩자"라며 비방하자 왕은 그 말을 믿고 노단을 잡아 옥에 가뒀다.

《장자》'잡편'에는 정나라 군주가 남의 말을 듣고 가난하게 살고 있는 열자에게 호의를 베푸는 장면이 소개됐다.

정나라 군주가 곡식과 재물을 보내자 열자는 그것을 사양했다. 그의 아내가 이유를 묻자 열자는 대답한다.

"왕은 남의 말을 듣고 나에게 곡식과 재물을 보냈소. 그처럼 남의 말에 따라 도움을 베푼다면 또 다른 사람의 말에 따라 쉽게 벌을 내릴 수도 있는 것이오."

중요한 일에 대해 판단을 유보한 채 남의 말에 따라 좌지우지되는 최고경영자들이 적지 않다. 이런 유형의 경영자는 인재를 발탁하거나 처벌할 때도 그 실체나 근거를 조사하기 전에 남의 말에 따라 결정내리는 경향이 있다. 귀가 얇은 탓이다.

최고경영자가 남의 말에 귀를 기울이는 이유는 자신의 판단을 불신하기 때문이다. 이는 심각한 수준의 책임 회피 또는 무능으로 이어진다. 특히 가신그룹 같은 측근들의 일방적인 의견을 듣다가는 기업을 망치기 십상이다.

이 함정에서 벗어나는 방법은 간단하다. 어떤 일이든 스스로 충분하게 조사하고 확신을 가진 뒤에 주변 참모들의 충언을 들어 가장 바람직한 방안을 선택하는 것이다. 이를 위해서는 측근들의 말뿐 아니라 평소 자신에게 반대했던 쪽의 이야기에도 귀를 기울이는 '용기'가 필요하다.

15 위대한 경영자의 반열에 오르는 길

한미글로벌 김종훈 회장은 지난 2006년 몇 개월간 회사를 떠나 국내 여러 산들과 외국을 떠돌면서 책을 읽고 명상하며 도인(道人) 같은 생활을 했다. 한 회사의 최고경영자가 그렇게 오랜 기간 자리를 비워도 될까 하고 걱정하는 사람들이 많았다. 그러나 그는 직원들과 '안식 휴가'를 가기로 오래 전에 약속했기 때문에 그것을 실행에 옮겼다.

김 회장을 처음 만난 것은 유유자적한 생활을 즐기며 느꼈던 소감을 전하는 조찬 강연 자리에서였다. 당시 그의 얘기를 들으면서 한편으로는 부럽기도 했지만 다른 한편으로는 저렇게 경영해서 과연 회사가 제대로 굴러갈까 하는 걱정이 앞섰다.

하지만 결과적으로 그것은 기우(杞憂)였다. 그는 휴가에서 얻은 깨달음을 바탕으로 독특한 경영 철학을 실천했고, 그것이 실적으로 이어졌다. 국내 건설관리(CM) 분야의 확고한 1위 업체로 건설 경기가 별로 좋지 않은 상황에서도 지속적으로 수익을 냈다. 2009년에는 증시에 입성해 투자 자금도 마련했다.

명상과 독서를 통해 김 회장이 도달한 경영 철학은 임직원들의 정서적 행복감을 가장 우선순위에 둔다는 것이다. 이를 위해 좋은 일터를 만들겠다는 것이 그의 신념이다. 장기근속 직원을 위한 안식 휴가를 비롯해 자기계발과 가족을 위한 다양한 복지 프로그램의 궁극적 목적은 '좋은 일터'에 초점을 맞추고 있다.

좋은 일터를 추구하는 김 회장의 모습에는 '좋은 가정'을 일구려는 가장(家長)의 얼굴이 보인다. 종업원들을 단지 돈을 버는 수단으로 여기지 않고 행복하게 해줄 대상으로 본다는 점에서 그렇다. 행복을 느끼며 직장 생활에 만족하는 사람들은 대체로 일도 잘하기 마련이다. 또 그러다 보면 실적은 저절로 따라온다. 이런 측면에서 가족을 행복하게 만드는 아버지 같은 경영자야말로 이상적인 지도자의 모습이 아닐까?

국가와 국민에 크게 기여한 인물에 대해 '국부(國父)'라는 존칭을 사용한다. 예를 들어 쑨원(孫文)은 중국인들을 전제주의 압제에서 벗어나게 했기에 국부로 불린다. 쑨원처럼 '국민의 아버지'

가 된다는 것은 모든 정치가의 로망이다. 이와 같은 맥락에서 기업의 최고경영자가 아버지 같은 존재가 되겠다는 생각 역시 대단한 포부가 아닐 수 없다. 그만큼 아버지는 위대한 존재다. 동양의 우화 중에 아버지가 어떤 사람인지 깨닫게 해주는 이야기가 전해진다.

돈 많은 노인이 병에 들어 곧 죽을 것임을 예감했다. 그는 자신의 삶을 말끔하게 마무리하기 위해 아들을 불러 말했다.

"재산과 관련된 문서를 조사해 청산할 것이 있으면 깨끗하게 정리하고, 내게서 돈을 빌려가고서도 갚지 않은 사람을 액수와 관계없이 불러들이도록 해라."

아들의 말을 듣고 채무자들은 갚아야 하는 돈을 들고 죽어가는 노인을 방문했다. 대부분 채무를 해결했지만 정말 돈이 없어 갚지 못하는 사람이 세 명 있었다. 그들은 기한을 조금만 더 연장해 달라고 부탁했다. 이에 노인이 대답했다.

"보다시피 내가 곧 죽을 텐데 어떻게 더 기다려준단 말이오?"

이들은 미안한 마음이었지만 돈이 없으니 뭐라고 할 말이 없었다. 노인은 한참 생각하다가 입을 열었다.

"돈이 없다고 하니 어떻게 하겠소. 그러니 다음 생애에 다시 태어난다면 나를 위해 무엇으로 보답할지 말해주면 빚을 탕감하겠소."

그러자 가장 적은 빚을 진 사람이 말했다.

"다음 생애에 말로 태어나 당신을 평생 편하게 모시면서 은혜에 보답하도록 하겠습니다."

"좋소, 빚을 탕감해 주겠소."

이번에는 첫 사람보다 빚이 더 많은 채무자가 대답했다.

"저는 다음 삶이 있다면 소가 돼 영감님의 농사일을 돕도록 할게요. 정말 열심히 일할 생각입니다."

"그것 역시 괜찮소. 빚을 받지 않겠소."

끝으로 빚이 가장 많은 사람이 깊은 고민 끝에 이렇게 말했다.

"만약 다음 생애에 다시 태어나는 것이 가능하다면 저는 당신의 아버지로 태어나 오늘의 은혜에 보답할 것이오."

이 대답을 듣고 노인은 한 동안 말없이 그의 얼굴을 유심히 쳐다보았다. 그런 다음 아무 말도 하지 않고 그의 차용증서를 불태워버렸다.

아버지 같은 경영자가 된다는 것은 쉬운 일이 아니다. 직원 개개인의 속사정을 잘 파악해 그들이 원하는 것과 잘하는 것을 할 수 있도록 해야 한다. 그것이 기업의 발전과 같은 방향으로 가도록 이끄는 것도 중요하다. 일하기는 좋은데 기업 성장을 등한시

한다면 좋은 경영자라고 할 수 없다. 이와 반대로 회사를 크게 성장시키고 있지만 직원들을 피곤하고 불행하게 만든다면 이 또한 훌륭한 경영자라고 말하기 어렵다.

직원들이 일에 대한 보람과 행복감을 느끼게 하면서도 기업이 지속성장할 수 있도록 해야 좋은 경영자다. 두 가지를 잘하려면 아버지처럼 솔선수범하고 희생하지 않으면 안 된다. 어려운 일이겠지만 그렇게 해야 비로소 능력 있는 경영자를 넘어 '위대한 경영자'의 반열에 오를 수 있다.

Part 4

비즈니스는
생물이다

01   총수의 역린을 건들지 마라

효성그룹 조석래 회장의 차남인 조현문 변호사는 일종의 피해 의식이 있었다. 친형인 조현준 사장을 비롯해 그룹 전체가 자신을 음해한다는 강박 관념을 표출했다. 그가 친형을 배임·횡령으로 검찰에 고발하고 효성그룹의 불법 비리를 밝히겠다고 지속적으로 선언하는 것도 자기방어를 위한 것으로 보였다.

반면 효성그룹은 그의 행동을 완전히 다르게 보았다. 좀 더 많은 사익을 취하거나, 더 나아가 경영권을 노리고 주도면밀하게 부친과 형제를 공격하고 있다는 것이다. 그렇지 않고서는 그의 행동이 이해가 가지 않는다고 입을 모았다.

이 분란은 진위 여부를 떠나 혈육 간에 소송을 벌이고 있다는 점에서 그 자체가 비극이다. 그렇다면 이런 사단이 생긴 발단은 무엇일까. 양쪽의 주장과 주변 상황을 종합해 보면 조 변호사가 그룹 최고경영자인 조 회장의 역린(逆鱗)을 건드렸기 때문일 가능성이 높다. 이와 관련해 조현준 사장은 "현문이가 아버님의 뜻을 거역했던 것은 있을 수 없는 행동"이라며 "아버님의 경영 방침을 거스르고 멋대로 행동한 것이 근본 문제였다"고 토로했다. 조 변호사와 조석래 회장이 크게 충돌했음을 방증하는 발언이다.

조 변호사가 언론에 밝힌 이에 대한 '내막'은 이를 더욱 명확하게 드러낸다.

"지난 2011년 9월 효성의 불법 비리에 대한 진실을 밝히고 바로 잡으려다 조석래 회장님의 명령으로 쫓겨났고, 2013년 회사를 떠났습니다. 불법 비리를 아버지라는 권위로 강요하는 것은 마피아입니다. 그룹과 가족의 불법에서 이제 자유롭고 싶으니 놓아달라고 부탁했습니다. 그럼에도 회장님은 건방지게 왜 반항하느냐, 불법비리는 없고, 있든 말든 네가 상관할 바가 아니다. 이 집안은 내가 다스린다며 큰 소리를 쳤습니다."

결국 조 변호사는 그룹 총수의 역린을 건드려 절대 넘어서는 안 되는 선을 침범한 것으로 보인다. 아무리 피를 나눈 아들이라 해도 총수의 역린을 건드리는 행위는 용납되지 않는다. 양쪽의 갈등이 해결되기 힘든 배경이기도 하다.

'역린'이란 말을 처음 한 사람은 전국시대 법가 사상가인 한비자다. 그는 10만 자나 되는 방대한 저서 《한비자》'세난(說難)'에서 사례를 들어 역린을 설명한다. 참고로 세난이라는 말은 경영 측면에서 '총수를 설득하는 어려움' 정도로 풀이할 수 있다. 원본의 군주 대신 기업 총수로 바꿔 인용하면 이렇다.

"기업 총수를 설득하고자 할 때는 우선 총수의 마음을 잘 살펴야 한다. 용은 길들이면 타고 다닐 수도 있다. 그러나 그 목에는 역린이라 해서 거꾸로 난 비늘이 있으니 그것을 만지는 자가 있으면 반드시 죽음에 이르게 된다. 총수에게도 역린이 있으니 그에게 유세하고자 하는 자는 역린을 건드리지 않도록 각별히 조심해야 한다."

중세 유럽의 설교 예화집에는 신의 역린을 건드린 황제 이야기가 나온다. 여기서는 인간이 신과 대등하다고 말하는 것이 바로 신성모독이다.

요비니아누스 황제는 자신의 권력이 정점에 오르자 이런 생각을 품으며 잠이 들었다.

"이 세상에서 나 말고 신이 있을 것인가?"

다음 날 아침 그는 군대를 사열한 뒤 많은 수행원을 거느리고 사냥에 나섰다. 사냥 도중 그는 심장에 극심한 고통을 느꼈다.

찬물로 목욕을 해야 살 것 같았다. 마침 주변에 냇물이 있었다. 그는 말에서 내려 옷을 벗고 물속으로 들어갔다. 그가 목욕하고 있는 동안 얼굴 생김새와 몸짓이 그와 똑같은 사람이 나타나 벗어놓은 옷을 입은 뒤 말을 타고 수행원들에게 갔다. 황제와 너무 닮아 시종들은 그를 진짜 황제라고 여겼다. 그리고 가짜 황제를 모시고 궁전으로 돌아갔다.

황제는 옷이 없어진 것을 발견하고 당황했다. 그는 벌거벗은 채 인근에 살고 있는 기사의 집으로 갔다. 그는 사건의 전말을 조사해 황제를 사칭한 자를 잡아 엄중하게 처벌할 생각이었다. 기사 집 문을 두드리자 문지기가 나타났다. 요비니아누스는 자신이 황제라고 말하며 주인에게 전하라고 했다. 그러자 문지기는 말했다.

"파렴치한 놈이군. 황제는 이미 수행원들과 함께 궁전으로 가셨다. 주인님은 황제와 식사를 하시고 벌써 돌아오셨어. 어쨌든 주인님께 네 말을 전하겠다."

황제는 기사를 보고 반갑게 맞았으나 기사는 냉담하게 외면하며 이렇게 소리쳤다.

"이 뻔뻔한 놈아, 네가 감히 황제를 사칭해. 네 놈은 벌을 받아야 마땅하다. 저 자를 심하게 매질해 쫓아 버려라."

매를 맞은 황제는 눈물을 흘리며 인근에 있는 공작의 성으로 항했다. 공작 역시 황제를 알아보지 못하고 그를 옥에 가뒀다. 황제는 억울한 심정에 가슴을 쳤다. 그는 자신의 진실을 밝히고자 옥을 탈출해 이번에는 궁전으로 갔다.

그는 최소한 궁전 문지기는 자신을 알아볼 것이라고 생각했다. 하지만 그도 황제를 미친 사람 취급했다. 황제는 물에 빠진 사람이 지푸라기를 잡는 심정으로 황후를 불러 달라고 했다. 가짜 황제와 황후를 만난 요비니아누스는 황후만 알고 있는 은밀한 얘기를 하며 자신이 진짜 황제라고 호소했다. 그러나 아무도 그 말을 믿어지지 않았다. 절망에 빠진 황제는 자포자기 심정으로 신부에게 가서 고해했다.

"저를 신과 견주었던 것은 저의 잘못이었습니다. 용서해 주세요."

이 고백이 끝나자 모든 사람들은 다시 황제를 알아보았고, 가짜 황제도 어디론가 사라졌다.

사실 역린은 총수뿐 아니라 누구에게나 있다. 그것을 건드리면 원수가 된다. 비즈니스를 하는 사람은 상대의 역린이 무엇인지 알아야 한다. 그렇지 않으면 자기도 모르는 사이에 역린을 건드릴 수 있다. 만약 그 상대가 막강한 권한과 권력을 가진 총수나 실세라면 비즈니스는 그것으로 끝이다. 무슨 일을 하든지 가장 먼저 상대의 의도와 마음을 살펴야 하는 이유다.

02 신호만 보내도 움직이는 시장

현대차는 2000년대 들어오기 전까지만 해도 미국시장에서 점유율 1%대를 벗어나지 못했다. 그만큼 '하급' 자동차로 인식됐다. 미국의 TV의 한 토크쇼 진행자가 "우주선 조종사를 깜짝 놀라게 하려면 조종석에 현대차 로고를 붙여 놓으면 된다"는 농담을 했을 정도다. 다른 토크쇼에서는 현대차를 '파이프가 두 개 달린 손수레'로 비유했다. 모두 현대차의 품질을 믿을 수 없다는 인식에서 비롯된 비하 발언들이다. 상황이 이러니 미국에서 현대차 판매는 부진할 수밖에 없었다.

이처럼 미국에서 활로를 찾지 못했던 현대차는 1998년 '파격 마케팅'을 들고 나왔다. '10년 10만 마일 워런티'가 그것이다. 다른 자동차 업체들보다 품질 보증 기간을 2배 이상으로 늘린 것이다. 소식이 알려지자 업계에서는 '현대차가 미쳤다'는 반응이 지배적이었다. 보증 수리비로 엄청난 충당금이 들어가 결국 현대차의 발목을 잡을 것이라고 전문가들은 목소리를 높였다. 한 마디로 '자충수'를 뒀다는 얘기다.

하지만 현대차의 파격에 소비자들은 뜨거운 반응을 보였다.

"현대차가 변했나? 10년 10만 마일이면 차를 타다가 고장이 나도 걱정이 없겠는 걸."

이런 얘기를 하며 현대차를 구매하기 시작했다. 그 결과 2000년대부터 미국에서 현대차 점유율은 빠른 속도로 높아졌다. 2001년 2%대로 올라서더니 2008년에는 3.3%를 기록했다. 2011년에는 5%를 돌파하면서 현대차는 더 이상 하급 자동차가 아닌 주류 모델로 자리 잡았다. 품질도 도요타나 혼다, GM, 포드 같은 일본과 미국 브랜드에 버금갈 만큼 좋아졌다.

사실 '10년 10만 마일 워런티'에 대해 현대차 내부에서는 큰 부담을 갖지 않았다. 보증이 핵심 부품에서만 적용되는 데다 소유주가 바뀌면 워런티가 소멸되기 때문이다. 부담은 생각하는 것보다 크지 않은데 효과가 큰 마케팅 전략이었던 셈이다.

현대차의 '10년, 10만 마일 워런티'는 이른바 '시그널링(과시 또는 보여주기)'이라는 이름으로 마케팅 분야에서 많이 활용되는 전략이다. 경쟁사가 겁을 먹을 만큼 대규모 투자 방안을 밝히거나 파격적인 판매 또는 서비스 조건을 제시하는 방식이 모두 여기에 해당된다. 소비자를 환호하게 만드는 반면 경쟁사의 기를 죽이는 비법이기도 하다.

후안 마누엘의 '사나운 신부 길들이기'라는 이야기는 시그널링 효과가 어떤 것인지 실감나게 전한다.

아랍의 한 마을에 가난한 청년이 살았다. 그가 빈곤함에서 벗어나려면 집을 떠나 돈을 벌거나 부유한 집 딸과 결혼하는 방법밖에는 없었다. 마침 그가 살고 있는 마을에 부자가 있었는데 그는 외동딸을 두었다. 그런데 그 외동딸은 매우 악명이 높았다. 괴팍스런 성격에 다른 사람에게 폭력을 가하기 일쑤였다. 이 때문에 어느 누구도 그 외동딸과 결혼하려고 하지 않았다.

하지만 가난한 청년은 부잣집에 청혼하기로 하고 그 뜻을 전했다. 그러자 딸의 아버지는 말했다.

"후회하지 않겠나. 크게 다치거나 죽을 수도 있네."

"그래도 결혼하겠습니다."

이렇게 해서 가난한 청년과 부잣집 외동딸을 혼례를 올리고 첫 날을 맞았다. 예식이 끝나고 하객과 일가친척이 모두 떠난 뒤 신랑과 신부 둘만 남았다. 그 때 신랑은 옆에 있던 개에게 말했다.

"목이 마르니 물 좀 가져와."

개가 그 말을 알아들을 리 없었다. 개가 가만히 있자 청년은 화를 내며 칼을 들고 달려가 개를 토막내 버렸다. 그리고 이번에는 한쪽 구석에 있는 고양이를 보고 명령했다.

"목마르니까 물 좀 가져와."

고양이 역시 가만히 있었다. 청년은 더 화를 내며 고양이의 다리를 잡아 벽 쪽으로 내동댕이쳤다. 이어 정신을 잃은 고양이를 잡고 칼로 난자했다. 이 바람에 청년의 몸과 방은 온통 피범벅이 됐다.

이번에는 집에 한 마리밖에 없는 말을 쳐다봤다. 그리고 잔뜩 열이 받은 상태로 물을 가져오라고 말했다. 하지만 말도 청년의 명령을 이행할 수 없었다. 청년은 큰 칼을 들고 말의 목을 친 뒤 사지를 토막토막 잘랐다.

이 모습을 보고 있던 신부는 기가 질려 아무런 말도 못하고 속으로 이렇게 생각했다.

'저 사람이 혹시 미친 것은 아닐까?'

말까지 죽인 청년은 주변을 두리번거리더니 신부에게 눈길을 돌렸다. 이제 살아 있는 것이라고는 신부밖에 없었기 때문이다. 청년은 신부를 보고 말했다.

"목이 마르니 물 좀 가져와."

성격이 거칠고 안하무인이었던 신부는 겁에 질려 신랑의 명령을 고분고분 따랐다. 식사 후 잠자리에 들면서 신랑은 말했다.

"내가 오늘 저녁 피곤하니 내일 늦잠을 잘 생각이오. 아침 밥차려 놓고 기다리시오."

다음 날 신부의 부모는 신랑이 심하게 다쳤거나 심지어 죽었을지도 모른다는 걱정을 가지고 신혼집을 찾았다. 그런데 이게 웬일인가. 악명 높았던 외동딸이 유순하고 착한 신부로 변해 있었던 것이다.

사나운 신부를 길들인 청년처럼 시그널링 전략은 전세(戰勢)를 뒤집어 놓을 수 있는 특효약이다. 그러나 잘못 쓰면 부작용을 낳기도 한다. 감당할 수 없는 조건을 내걸거나 굳이 그럴 필요까지 없는데 사용하려 한다면 혼란만을 초래하거나 소비자들이 오히려 의심하는 일이 발생하기 때문이다. 예를 들어 시장을 선도하는 1등 기업이 갑자기 파격적인 판매 조건이나 서비스를 내놓는다면 소비자는 환호하기보다 '이 회사에 무슨 문제가 있는 것은 아닐까' 의문을 갖게 된다.

후안 마누엘의 우화에서 신부 아버지가 사위의 기발한 방법을 흉내 내 아내를 길들이려다가 구박을 받는 장면은 시그널링 전략을 잘못 사용하면 어떻게 되는지 암시한다.

"이봐요, 당신은 늦었어요. 당신이 말을 100마리 죽인다 해
도 아무런 효과가 없을 거예요. 이렇게 하려면 좀 더 일찍 시작
해야 했어요. 우린 서로 너무 잘 알잖아요?"

역시 특별한 전략을 쓰려면 정확한 때를 아는 것이 중요하다.

03 비즈니스는 비즈니스일 뿐

유진그룹 회장과 가전 양판점인 하이마트의 전(前) 회장은 좋은 사업 파트너이자 선후배 관계였다. 유진그룹이 하이마트를 인수하기 전에 유진그룹 회장은 대학 선배로부터 하이마트 전 회장을 소개 받았다. 그 뒤 두 사람은 수시로 만나 친교를 나눴다. 이 과정에서 당연히 정보가 오고 갔다. 두 사람의 끈끈한 관계는 인수합병 시장에 매물로 나온 하이마트 인수전에서 유진그룹이 최종 낙찰자로 선정되는 데 결정적인 역할을 했다.

그러나 유진그룹에 인수된 뒤 하이마트의 경영권을 놓고 잡음이 일어나기 시작했다. 2대 주주이자 하이마트의 실질적 경영권을 행사하고 있던 하이마트 전 회장에 대해 유진그룹 회장이 최대주주의 권리를 요구하면서 갈등이 불거졌다.

유진그룹 회장이 이사회를 통해 하이마트 전 회장을 경영에서 배제시키려 하면서 오랜 기간 이어졌던 두 사람의 우정은 완전히 금이 갔다. 유진그룹 회장은 최대주주가 경영권을 확보하는 것은 당연한 것이라고 주장한 반면 하이마트 전 회장은 당초 경영권을 보장해 주겠다는 약속을 어겼다며 반발했다. 경영권 다툼에 이어 유진그룹의 유동성 문제로 하이마트는 다시 시장에 매물로 나왔고 결국 롯데그룹 계열사로 편입됐다.

비슷한 사례가 한 수입차 업체와 한때 잘 나가던 그 수입차의 대리점에도 일어났다. 중산층과 부유층이 많이 거주하는 분당에 위치해 성장 가능성이 높았던 이 대리점에 대해 수입차 업체는 지원을 아끼지 않았다. 하지만 대리점이 경영난에 빠져 대금 결제를 제대로 하지 못하자 수입차 업체는 빚 독촉에 나섰고, 이에 맞서 대리점주는 수입차 업체가 계약을 성실하게 수행하지 않았다며 가두시위를 벌였다. 이 과정에서 수입차 업체 경영진과 대리점 대표의 감정 대립은 극으로 치달았다. 이 싸움은 결국 법정으로 가게 됐다.

유진그룹 회장과 하이마트 전 회장, 수입차 업체와 대리점주 사례는 비즈니스에서 '우정'이 무엇인지 새삼 생각해 보게 만든다. 툭 까놓고 말해 이익 극대화가 최고 덕목인 기업 경영에서 우정과 신뢰를 운운하는 것은 단지 '수사(修辭)'에 불과할 수도 있다는 점을 보여준다. '비즈니스는 비즈니스일 뿐'이라고 말하는 것이 솔직한 표현일 수도 있다.

비즈니스 세계에서는 오히려 과도한 친근감을 표현하는 사람을 더 경계할 필요가 있다. 다툼이 일어나면 평소 우정과 신뢰를 떠벌렸던 자가 더 극악하게 돌변하는 일이 비일비재하기 때문이다.

러시아 작가 크르일로프가 쓴 '개의 우정'은 비즈니스 세계에서 종종 벌어지는 이런 일들을 우화로 그린 대표작이다.

부엌 창가에 두 마리 개가 앉아 있었다. 뽈깐과 바르보스라는 친구다. 두 개는 이런저런 얘기를 하고 있었다. 개들의 삶과 선과 악에 대하여, 그리로 우정에 대하여.

먼저 뽈깐이 말했다.

"서로에게 자기 마음을 열고 살면 얼마나 좋을까? 항상 서로를 아껴주며 잠을 잘 때나 먹을 때나 곁에 있고, 서로에게 든든한 버팀목이 되어 주고, 그러면서 서로의 눈에 비친 행복을 느끼는 거야. 다시 말해 서로가 서로에게 정성을 다하는 거지. 우리 사이에 그렇게 된다면 장담하건대 우린 시간 가는 줄 모를 만큼 행복할 거야."

바르보스가 뽈깐에게 대답했다.

"그래, 그거야. 오래 전부터 나는 한 마당에서 사는 너하고 싸우지 않는 날이 하루도 없다는 사실에 마음이 아팠어. 왜 그랬을까? 한편으로 주인님께 부끄럽기도 하고, 우리에게 항상 따듯하고 편안한 안식처와 음식을 주시는 고마운 주인님께 죄송스럽잖아. 옛날부터 강아지는 우정의 상징이라고 했는데 말이야. 그런데 지금 우리 개들 사이의 우정은 사람의 그것만큼이나 전혀 찾아볼 수 없잖아."

뽈깐이 외쳤다.

"그럼 우리가 그런 우정을 만들어 모두의 본보기가 되자."

두 개는 서로 포옹하고 키스를 주고받았다. 그들 사이에는 더 이상 욕설과 질투, 증오는 찾아 볼 수 없었다.

이때 요리사가 부엌에서 나와 먹고 남은 뼈를 던졌다. 그러자 두 개는 뼈를 향해 앞다퉈 달려갔다. 좀 전의 그 뜨거운 우정은 어디로 사라진 것인가? 두 개는 서로 물어뜯었다. 뼛조각들이 머리 위로 흩날렸고, 결국 사람들이 물을 뿌려 강제로 그들을 떼어놓았다.

인류의 고귀한 가치인 우정을 이런 식으로 표현한 것에 대해 거부감을 가질 수도 있다. 그러나 현실에서는 자기를 희생하는 우정보다는 실리에 따라 움직이는 사람들이 훨씬 많다. 특히 이

익을 다투는 비즈니스에서 신뢰와 우정은 후순위로 밀리기 마련
이다.

아무런 이해관계가 없을 때는 좋은 관계를 유지하다가도 일단
'먹을 것'이 생기고, 내가 더 많은 몫을 차지해야 한다는 욕심이
발동하면 그동안 쌓은 '신뢰와 우정'을 헌 신발짝처럼 팽개치는
이 같은 현실은 경영학 측면에서 하나의 위험 요소로 분류될 수
있지 않을까.

04 연습과 실전의 크나큰 간극

현대그룹 창업자 정주영 명예회장은 아들들과 매일 아침식사를 하며 기업 경영에 대해 가르쳤다고 한다. 이른바 '밥상머리 교육'이다. 정 회장은 함께 밥을 먹으며 어렵게 창업한 애기부터 회사가 위기에 직면했을 때 극복한 경험까지 다양한 주제로 아들들을 가르쳤다. 아버지의 애기를 듣고 아들들은 훌륭한 경영자가 되기 위해 많은 생각과 연습을 했을 것이다.

현대그룹뿐 아니라 대부분의 2, 3세 경영자들은 부친에게 경영 방식을 전수받고 충분히 준비한 뒤에 경영권을 넘겨받는다. 좌충우돌하며 수많은 시행착오를 거쳐야 하는 창업자에 비해 훨씬 유리한 위치에서 출발하는 셈이다.

하지만 이들이 모두 성공하는 것은 아니다. 삼성 이건희 회장처럼 창업자인 부친을 뛰어넘는 성공을 거두는 경영자도 있지만 그렇지 못한 사람이 더 많다. 심지어 부친이 일으킨 기업을 지키지 못하고 망하기도 한다.

많은 가르침을 받고 충분하게 연습을 했음에도 2, 3세 경영자들이 실패하는 이유는 무엇일까? 그것은 '실전'와 '연습'이 엄연히 다르기 때문이다.

모든 일은 완벽한 연습만으로는 100% 성공을 장담할 수 없다. 연습 경기에서 잘하다가도 실제 중요한 경기에서 제 실력을 발휘하지 못하는 운동선수들은 그 차이를 잘 알 것이다. 실전에서는 예상하지 못한 변수가 생길 뿐 아니라 연습 때와는 달리 긴장하기 때문에 몸이 잘 움직이지 않는다.

기업 경영도 똑같다. 이미 계획을 짜고 꼼꼼하게 준비한 뒤 여러 번 모의 경영을 하고 나서 사업을 시작해도 성공 확률은 절반을 넘지 못한다. 돌발 상황이 발생하면서 제때 수익이 나오지 않으면 처음 세웠던 청사진은 무용지물이 되기 일쑤다. 이와 더불어 미리 연습했던 것도 쓸모없게 된다.

실전과 연습이 얼마나 다른지에 대해서는 라퐁텐의 '심부름하는 개'만큼 잘 그린 것이 없다. 대략 이런 이야기다.

주인이 개에게 심부름을 시켰다. 바구니를 입에 물고 푸줏간에 가서 메모에 적혀 있는 고기를 받아 바구니에 넣어 가지고 돌아오는 일이었다. 주인과 함께 몇 번 연습을 했지만 혼자서 심부름하는 것은 오늘이 처음이었다. 연습할 때 시키는 대로 잘하면 주인이 칭찬을 하면서 고기 중에서 맛있는 부분을 골라 한 조각 주기도 했다. 이렇게 개는 심부름하는 법을 터득했고 드디어 혼자 심부름을 하게 된 것이다.

개는 연습할 때와 마찬가지로 바구니를 물고 푸줏간에 가서 고기를 갖고 집으로 돌아오는 중이었다. 그런데 어디서부터인지 낯선 개들이 따라오고 있었다. 주인과 연습할 때는 그런 일이 한 번도 없었다. 도대체 이 마을 어디에 이렇게 많은 개가 있었나 싶을 정도로 뒤따라오는 개는 점점 늘어만 갔다.

처음에는 그저 심부름을 할 줄 아는 자신에게 감탄해서 따라오는 것이려니 생각했다. 그러나 한참 가다 보니 아무래도 그렇지 않은 것 같았다.

"어이, 조금만 나눠주지 그래."

바로 뒤에서 낯선 개의 목소리가 들렸다. 그리고 그것을 신호로 뒤따라오는 개들이 일제히 떠들기 시작했다.

"그러지 말고 고기를 빼앗아 버리자."

"너 혼자 차지하려고? 어림없는 소리."

"누가 제일 힘이 센지 겨뤄 볼까? 가장 강한 자가 고기를 몽땅 갖는 거야."

"욕심을 내지 말고 공평하게 나누어 갖자."

"무슨 소리야 약육강식이 이 세상의 이치인데 나누기는 뭘 나눠?"

"아니야, 그러면 우리 모두 다치게 돼. 온건하게 해결하자."

개들은 저마다 고기를 자기 것으로 생각하는 것 같았다. 심부름하는 개가 슬쩍 뒤돌아보니 뒤따라오는 개들이 금방이라도 달려들 것 같았다.

개는 즉시 바구니를 버리고 도망가 버리고 싶었지만, 순간 화난 주인의 얼굴이 머릿속을 스쳤다. 개는 계속 망설였다. 연습과 실제가 너무나 달랐기에, 어떻게 해야 할지 전혀 알 수가 없었다.

일부 전문가들은 웅진그룹이 어렵게 된 원인 중 '컨설팅을 잘못 받은 사실'을 지적한다. 사업 실전 경험이 없는 컨설턴트들의 말만 듣다가 엉뚱한 곳에 투자한 게 화를 불렀다는 얘기다. 경영학을 공부한 컨설턴트의 장점은 풍부한 이론을 가지고 있다는 점이다. 그러나 직접 사업하면서 터득할 수 있는 '촉(사업 감각)'은 무딜 수밖에 없다.

컨설턴트들이 웅진의 신사업으로 추천한 태양광과 건설, 금융(저축은행)은 투자 당시에는 성장성이 높은 업종으로 보였을 것이다. 하지만 해당 업종의 경기 흐름은 별로 좋지 않았다. 컨설턴트들은 그것을 너무 과소평가했다. 투자 시점이 좋지 않았던 것이다.

만약 웅진그룹의 최고경영자가 컨설턴트가 아니라 실전 경험이 풍부했던 참모들의 얘기를 들었으면 낭패를 보지 않았을까? 반드시 그랬을 것이라고 확신할 수는 없다. 다만 실전을 잘 아는 사람들의 충고를 받아들였다면 더 조심스럽게 투자했을 것이고 그룹이 해체되는 실수는 막을 수 있었을 것이다.

05 깨어 있는 사람이 기회를 잡는다

　지금은 구글과 네이버 등 포털사이트의 위력을 인정하지 않는 사람이 없지만 이들이 등장했던 1990년대 중후반만 해도 포털은 앞날을 예측하기 힘든 벤처기업에 불과했다. 2000년대 초 IT버블 붕괴 이후에는 대부분의 사람들이 미디어와 광고시장을 주도할 주체는 포털이 아니라 기존 TV와 신문일 것이라고 생각했다.

　네이버 지식검색이나 키워드 광고 같은 새로운 기법이 나왔을 때조차 포털이 크면 얼마나 클까 하는 의심을 지우지 않았다. 이런 인식에 따라 대기업과 주요 언론사는 포털 사업에 적극 뛰어들지 않았다.

　수많은 포털사이트는 치열한 각축전을 벌이며 스스로 경쟁력을 갖춰 나갔고, 승자 독식의 시장을 형성하며 공룡의 모습을 갖췄다. 세계시장에서는 구글, 한국에서는 네이버가 그 결과물이다. 이제 시장지배적 포털사이트의 힘은 거의 모든 언론을 뛰어넘을 만큼 강하고, 광고시장에서도 막강한 위세를 자랑한다.

21세기가 낳은 최고 신제품인 스마트폰도 비슷한 역사를 갖고 있다. 처음 모습을 드러냈을 때는 주목받지 못했지만 지금은 일상생활에 없어서는 안 되는 필수품으로 자리 잡고 있다. 기존 강자를 물리치고 약자가 시장 주도자가 된 것은 포털산업과 유사하다. 스마트폰의 잠재력을 과소평가했던 휴대폰의 절대 강자 노키아는 몰락하고, 후발 주자였던 애플과 삼성이 신데렐라로 부상한 것이다.

이렇듯 새로운 흐름과 기술, 신제품이 태동하고 성장하면서 승자와 패자를 가른 요인은 무엇일까. 여러 가지가 있겠지만 가장 중요한 것은 '경영자가 항상 깨어 있는 상태로 시장을 관찰하고 연구했느냐, 그렇지 않았느냐'다.

시장과 소비 성향의 흐름을 잡으려고 하지 않고 현실에 안주하는 것은 눈만 뜨고 있을 뿐 잠을 자고 있는 것과 다르지 않다. 잠자고 있는 동안 외부에 무슨 일이 일어나고 있는지 알 수 없다. 깨고 나면 나도 모르는 사이에 내 운명이 결정되고 마는 것이다.

19세기 미국 작가인 나다니엘 호손의 유명한 단편 '데이비드 스완'은 이런 상황을 극적으로 표현한 대표적인 이야기다. 간단한 내용이지만 긴 여운을 남기는 작품이다.

　잘생긴 스무 살의 청년 데이비드 스완은 일자리를 얻고자 고향을 떠난다. 대도시인 보스턴으로 향하던 중 피로를 풀기 위해 나무 아래 잠깐 누워 단잠에 빠진다. 그가 잠을 자는 동안 그의 운명을 가를 사건들이 벌어진다.

　먼저, 상속해줄 재산이 많은 부자 노부부의 방문이다. 이들은 스완이 잠자던 숲을 지나가다가 마차 바퀴가 고장나는 바람에 멈췄다. 나무 밑에서 자고 있는 스완을 보며 두 사람은 대화를 나눴다. 부인이 남편에게 말했다.

　"이 아이는 죽은 우리 아들 헨리와 닮았네요. 그가 살아온 줄 알았어요. 하나님이 이 젊은이를 헨리 대신 보내준 것은 아닐까요?"

　당시 노부부는 외아들 헨리를 잃고 재산을 상속할 후세가 없었다. 조카가 있었지만 마음에 들지 않아 고민하던 참에 잠자는 스완을 보게 된 것이다.

　노부부는 스완이 깨어나기를 기다렸다. 그를 양자로 삼을 생각이었다. 바로 그때 하인이 와 마차 바퀴를 다 고쳤으니 출발하자고 알렸다. 노부부는 스완을 깨우고 싶었지만 그가 너무 단

잠을 자고 있어 포기하고 떠나버렸다.

이번에는 예쁜 여인이 숲을 지나다가 스완을 봤다. 그때 스완의 눈 위로 벌이 앉으려고 했다. 여인은 손수건으로 벌이 쏘지 못하도록 한 뒤에 스완의 얼굴을 자세하게 들여다봤다. 여인은 잘생긴 스완의 모습에 반했다. 그녀의 아버지는 돈을 많이 버는 상인이었다. 스완 같은 젊은이를 사위로 찾고 있었다. 여인은 스완을 깨우고 싶었다. 하지만 스완이 너무 깊이 잠들어 깨울 수 없었다. 아쉬운 마음을 뒤로 하고 여인은 스완 곁을 떠났다.

시장과 산업의 큰 흐름을 읽지 못하는 경영자는 일생을 바꿀 기회가 찾아왔는데도 잠만 자는 데이비드 스완과 다를 바 없다. 운이 좋으면 당분간 생존할 수 있겠지만 깨어 있지 않은 기업과 경영자는 언젠가 역사의 뒤안길로 사라진다. 그것이 운명이라면 어쩔 수 없지만 안타까운 현실임에는 틀림없다. 운명의 한계를 돌파할 방법은 없을까? 최고경영자라면 이런 질문에도 답해야 할 준비가 돼 있어야 한다.

물론 잠자고 있는 것이 항상 나쁜 것은 아니다. 시장 흐름에 너무 민감하게 대응하다 망할 수도 있기 때문이다. '데이비드 스완'의 마지막 장면은 이를 암시한다.

여인이 떠나고 난 뒤 두 도둑이 스완이 자는 나무쪽으로 걸어왔다. 한 도둑이 말했다.

"이 녀석의 주머니에 있는 돈을 가져가자."

이에 한 도둑은 주머니를 뒤지고, 다른 한 명은 스완의 가슴을 칼로 찌르려고 했다. 그런데 주위를 보니 개 한 마리가 스완 옆에 있는 웅덩이에서 물을 먹고 있었다. 도둑 중 한명이 말했다.

"개 주인이 곧 나타날 수도 있으니 그냥 가자."

두 도둑은 스완을 죽이고 돈을 빼앗으려던 계획을 그만두고 그 자리를 떴다. 그가 단잠을 자는 동안 어떤 일이 일어났는지 알지 못했던 스완은 잠에서 깨어나 기지개를 편 뒤 가던 길을 재촉했다.

06 외부환경은 종속변수에 불과하다

스마트폰과 태블릿PC에서 지하철 광고판까지 터치스크린이 쓰이는 곳은 매우 많다. 그러나 잉크테크 정광춘 사장이 터치스크린의 핵심 소재인 전자잉크 사업에 도전했던 2000년대 초만 해도 화면에 손을 터치해 정보를 입력하거나 검색한다는 개념은 생소했다. 정 사장이 전자잉크 기술을 들고 나왔을 때 주변에서 걱정스런 눈길을 보낸 이유였다.

하지만 남들이 시작하기 전에 먼저 첨단 기술을 개발해야 한다는 '퍼스트 무버' 기질이 강했던 정 사장은 온갖 만류에도 불구하고 과감하게 새 분야에 도전했다. 기존 사업에서 벌었던 보유 자금을 거의 다 투입하고 천신만고 끝에 전자잉크 기술 개발에 성공했다.

애플 아이폰를 필두로 터치스크린을 채용한 스마트폰이 주목을 받으면서 전자잉크 수요도 폭발적으로 증가할 조짐이 보였다. 바로 그때 정 사장은 뜻하지 않았던 복병을 만났다. 2008년 글로벌 금융위기가 그것이다.

자금난에 직면한 기업들이 주문을 최소화하거나 물량을 대폭 줄이면서 전자잉크로 대박을 낼 수 있을 것이라는 기대가 무너졌다. 설상가상으로 환 헤지를 위해 가입했던 '키코'로 인해 70억 원이 넘는 손실을 입었다. 이런 상황에서 악재가 하나 더 터졌다. 공장에 불이 나 30억 원가량의 자재를 고스란히 날릴 것이다. 한 마디로 삼재(三災)가 한 번에 닥친 셈이었다.

보통 사람이라면 이 정도 재난 앞에서 무릎을 꿇었을 것이다. 그러나 정 사장은 침착하게 대응했다. 가장 시급했던 것이 자재가 없어 납품 날짜를 맞추기 힘든 일이었다. 그는 거래업체 담당자에게 전화를 걸어 양해를 구했다. 평소 신뢰를 쌓아 놓았던 터라 거래업체들은 정 사장의 입장을 이해해줬다. 납품 기일을 연기해 주었을 뿐 아니라 여러 가지 편의를 봐 줬다. 이는 정 사장이 재난을 잘 넘길 수 있는 단초가 됐다.

정 사장은 손실을 만회하기 위해 추가 기술 개발에 박차를 가하는 동시에 더 많은 곳에 납품하기 위해 열심히 뛰었다. 시간이 지나면서 그의 힘겨운 노력은 결실을 맺었다. 금융위기 이후 적자였던 영업이익이 2012년 흑자로 돌아섰고 그 이후 주문과 매출이 급증했다.

하지만 실제 비즈니스 세계에서 정 사장과 같은 위기 극복 사례는 극히 드물다. 대부분의 경영자들은 큰 어려움에 직면하면 환경을 탓하며 쉽게 주저앉는다. 특히 정 사장의 경우처럼 자신의 잘못보다는 금융위기나 키코, 공장 화재 같이 외부 요인으로 기업이 잘못되면 '남 탓'하기 일쑤다. 운 좋게 어려움을 극복했더라도 남의 도움을 생각하지 못하고 내가 잘해서 그렇다고 생각한다.

라퐁텐이 쓴 '진창에 빠진 마차'라는 이야기가 이런 행태를 잘 그리고 있다.

많은 짐을 실은 마차가 길을 가다가 그만 바퀴가 진창에 빠졌다. 마부는 말을 채찍으로 때렸지만 짐이 너무 무거워 바퀴는 움직일수록 더 깊이 빠져 들었다. 약속 시간 때문에 다급해진 마부는 더욱 세게 채찍을 휘둘렀다. 그러나 마차는 점점 기울어져 곧 넘어질 것 같았다. 당황한 마부는 마차에서 내려 말과 함께 마차를 끌어내리려고 안간힘을 썼다. 그래도 마차는 흔들거리기만 할 뿐 움직이지 않았다. 화가 난 마부는 무턱대고 화풀이를 시작했다.

"이런 놈을 무엇 때문에 지금까지 길러 줬는지 모르겠어. 이 넝마 같은 마차는 또 뭐고."

마부는 마차를 발로 걷어차고 길을 진창으로 만든 비를 원망했다. 그러는 동안 시간은 흘러 약속을 지키지 못하게 됐다. 그러자 마부는 길바닥에 주저앉아 넋두리를 늘어놓기 시작했다. 마부는 재수 없는 일진과 짐의 무게, 자신의 직업을 한탄했다. 그러다가 이번에는 하늘을 올려다보며 신에게 빌었다.

"하나님, 이 불쌍한 사람을 살려주세요."

마부는 눈물을 흘리며 빌었다. 하늘에서 기도를 들은 신은 급히 마부한테 달려왔다.

"왜 더 빨리 오지 않았습니까?"

마부는 기뻐하기는커녕 불평을 늘어놓았다.

"어떻게 좀 해주세요. 말의 힘을 더 세게 해주든지, 나를 힘센 장사로 만들어 주든지, 아니면 이 짐차라도 진창에서 꺼내주세요. 신이라면 그 정도의 일은 쉽게 해결할 수 있지 않습니까?"

그러나 신이라고 해서 수단 방법을 가리지 않고 일을 처리할 수는 없었다. 어디까지나 자연이 자연답게 유지되도록 지켜보면서 도와주는 것이 신의 역할이었다. 비를 아래서 위로 오르게 하거나 물을 불로 바꾸거나 돌에서 꽃을 피게 하는 일은 할 수 없었다. 하물며 자기 잘못으로 마차를 진창에 빠뜨린 마부의 개인적인 사정까지 들어주기는 힘들었다.

그렇다고 매몰차게 거절하면 원망을 받아 신에 대한 평판이 나빠질 수도 있었다. 할 수 없이 신은 마부가 스스로 당면 문제를 해결할 수 있는 방법을 알려줬다.

"왜 마차가 진창에서 빠져나오지 못하는지 원인을 침착하게 생각하고 개선하려고 하지 않는가? 마차 주변에는 돌과 판자조각, 마른 흙이 많은데 그것을 모아 바퀴 아래 진창에 깔아 바닥을 잘 다지면 마차가 빠져 나오지 않겠는가?"

신의 조언을 들은 마부는 돌과 판자, 마른 흙을 모아 진창을 메우고 말에게 채찍질을 가했다. 마차는 단번에 진창에서 빠져나왔다. 그렇게 문제를 해결했으면 당연히 신에게 감사의 말을 해야 할 텐데 마부는 아무 말도 하지 않고 그냥 가버렸다. 그런 마부를 보며 신은 중얼거렸다.

"왜 인간은 다른 생물들과 달리 원해서는 안 되는 것을 바랄까? 왜 자기에게는 운이 없다, 아무도 도와주지 않는다고 불평만 할까? 왜 자기 힘과 재능이나 주위에 있는 것을 잘 활용해 문제를 해결하려고 하지 않을까? 지혜라는 것이 그런 것이거늘. 무슨 일만 생기면 신에게 부탁하거나, 들어주지 않는다고 원망만 하니…. 나도 더 이상 도와줄 수 없구나."

혹시 내가 남 탓만 하는 사람은 아닐까, 어려움에 빠졌을 때 스스로 문제를 해결하려 하지 않고 외부 환경에 대한 불평만 늘어놓는 경영자는 아닐까 한 번쯤 돌아볼 필요가 있다.

07 경영의 목적은 경영이 아니다

"이윤 획득을 목적으로 운용하는 자본의 조직단위."

백과사전에 나와 있는 기업의 정의다. 쉽게 말해 기업이란 돈을 버는 것을 존재 이유로 삼는 집단이란 얘기다. 대부분의 기업가들은 여기에 동의할 것이다. 심지어 돈을 벌지 못하는 경영자는 죄인이라고 여기는 기업인도 있다. 회사를 견실하게 경영하다일시적으로 투자가 많아 이익을 내지 못하고 있던 한 중견기업 사장에게 인터뷰를 요청하자 그는 이렇게 말했다.

"회사가 적자를 볼 때 언론에 나서는 것은 적절치 못합니다. 기업가는 회사가 수익을 올리느냐, 그렇지 못하느냐로 말하는 것입니다. 회사가 이익으로 돌아서고 나서 보시지요."

결국 그는 턴어라운드에 성공했다. 과감하게 투자한 것이 결실을 맺었기 때문이다.

하지만 기업이 국가와 사회에 미치는 영향이 커지면서 기업에 대한 사람들의 기대 수준이 높아지고 있다. 단지 이익을 추구하는 단계를 넘어 일시적으로 손해를 보더라도 사회의 공유가치를 실현하는 기업에 높은 점수를 주고 있는 것이다.

역사가 100년 넘는 유럽과 미국의 선진 기업들 가운데 상당수는 환경파괴나 부정부패, 사기와 불법을 저질렀던 곳과는 거래를 하지 않는다. 반면 소외 계층을 돕거나 공생공영 활동에 적극적인 회사에 대해서는 거래를 틀 때 가산점을 주기도 한다. 아예 이를 사규(社規)로 정한 곳도 많다. 전 세계 시장에서 활동하는 기업 중 공유가치를 훼손하는 곳은 점점 더 지속가능 경영이 불가능한 세상이 됐다.

거창하게 공유가치를 말하지 않더라도 다른 기업이나 이웃들과 이익을 나누지 않고 부를 독점하는 기업은 오래 살아남기 힘들다. 기득권을 빼앗길까 불안해 평상심을 유지하기 힘들기 때문이다. 그러다 보면 악수를 두고, 어느 순간 몰락할 수도 있다. 크르일로프의 '독점 상인과 구두장이'는 적절하지 못한 돈이나 이익이 사람을 얼마나 불편하게 만드는지 보여준다.

한 부자 상인이 큰 집에서 살고 있었다. 그는 매일 잔치를 열며 즐거운 나날을 보냈다. 친구도 많고 좋은 술과 음식이 넘쳤다. 하지만 그에게는 한 가지 문제가 있었다. 바로 불면증이다. 겉으로는 아무 걱정 없는 삶을 살고 있었지만 마음속에는 정말 이렇게 사는 것이 옳은 것인가, 혹시 파산이라도 하면 어떻게 하나 걱정이 많았다.

밤에는 잠을 잘 수 없었고 새벽에야 선잠이 들곤 했는데 이때도 문제였다. 옆집에 사는 가난뱅이 구두장이의 노래 소리 때문이었다. 구두장이는 새벽부터 점심때까지, 또 점심 후 밤늦게까지 노래를 불렀다.

부자는 구두장이가 노래를 부르지 않도록 달래보고 명령도 해보았지만 소용이 없었다. 부자는 특단의 조치를 취하기로 하고 구두장이를 불렀다.

"자네는 뭐가 그리 즐거워 매일 노래를 부르는가? 사는 게 그렇게 즐거운가?"

"신에게 투덜거리는 것은 죄죠. 기적이 별겁니까? 항상 일에 묻혀 사는 것이죠. 그러면 그냥 즐겁게 살아지는 거죠."

"돈은 있나?"

"아니요. 여윳돈은 없어요. 관심도 없고."

"부자가 되고 싶지는 않은가?"

"어떻게 말씀드려야 할지 모르겠네요. 물론 지금 있는 것에 만족하고 있습니다. 하지만 나리도 아시다시피 사람이란 게 살 아있으면서 항상 더 많은 것을 바라잖아요."

"그래, 말 잘했네. 여기 돈 자루가 있네. 자네의 진실한 됨됨 이가 마음에 들었어. 자, 이걸 가지고 가게나. 자루에는 정확하 게 500루블이 들어 있네."

가난한 구두장이는 돈 자루를 가지고 날듯이 집으로 갔다. 그 는 몰래 돈 자루를 땅에 묻었다. 하지만 돈 자루와 함께 그의 쾌 활함도 묻히고 말았다.

그는 이제 노래도 부르지 않고, 잠도 오지 않았다. 그 역시 독 점 상인처럼 불면증에 앓게 된 것이다. 돈 자루를 묻은 뒤에 그 는 모든 것이 의심스럽고 모두가 그를 불안하게 만들었다. 한 밤에 고양이가 무엇인가 긁는 소리라도 나면 그는 곧 도둑이 집 에 들어오지 않을까 걱정했다.

한 마디로 좋은 시절이 가 버린 것이다. 마치 강물 속에 빠진 것 같은 삶이었다. 구두장이는 고민하고 또 고민했다. 그리고 결국엔 제정신이 들었다. 그는 부자에게 자루를 들고 달려갔다. 그리고 말했다.

"호의를 베풀어주신 것에 정말 감사합니다. 여기 당신의 돈 자 루가 있습니다. 돌려받으시죠. 저는 이전까지 잠을 못 자는 것이 그렇게 힘든 줄 몰랐습니다. 당신은 계속 부자로 사시고, 나는 노래와 잠으로 살지요. 제게는 100만 루블도 필요 없습니다."

기업을 경영하는 1차 목적은 돈을 버는 일이다. 하지만 단지 돈을 버는 것만으로 기업인은 결코 행복할 수 없다. 돈이 너무 많으면 다른 물건과 마찬가지로 썩게 마련이다. 몸과 마음을 썩게 하고 궁극적으로는 황폐하게 만들기 십상이다.

반면 번 돈을 적절하게 나누고, 국가와 사회, 이웃을 위해 쓴다면 돈의 가치는 빛을 발한다. 영광의 미래를 만드는 것이다. 무엇을 위해 경영하는가? 가장 기본적인 질문이지만 수시로 자문해야 할 문제이기도 하다.

08 본질을 망각한 기업의 말로

　지금은 출판계에서조차 그 이름을 기억하는 사람이 별로 없지만 2000년대 중반에 크게 주목받았던 기업이 있었다. 국내 1세대 전자책업체였던 '북토피아'라는 회사다. 1999년 7월 설립된 이 회사는 120개가 넘는 출판사들이 의기투합해 출발했고 2001년에는 와이즈북을 합병해 몸집을 키웠다.

　출판사들이 대주주라 풍부한 콘텐츠를 보유하고 있었던 데다 다른 경쟁자가 없었기 때문에 잠재력은 매우 컸다. 출범 초기 몇억 원에 불과했던 매출은 6년 만에 100억 원을 돌파했다. 통신업체와 도서관 등 다양한 곳들과 제휴하는 등 활발한 마케팅과 영업을 통해 꾸준하게 외형을 키웠다. 그 결과 2005년 무렵에는 한국을 대표하는 전자책업체로 자리 잡는 모습을 보였다. 요즘 흔하게 접할 수 있는 태플릿PC나 전용 단말기가 빈약했고, 전자책에 대한 개념도 잘 알려지지 않았다는 점을 감안할 때 나름 고군분투했던 셈이다.

그러나 북토피아의 성장은 거기까지였다. 그 이유는 경영진이 가장 본질적인 것을 간과했기 때문이다. 북토피아는 지식 콘텐츠에 IT를 접목했지만 본질적으로는 출판업계와 공생해야 하는 가상 서점이었다. 돈을 받고 더 많은 책을 팔아야 기업이 생존할 수 있었던 구조였다. 이를 위해서는 마케팅보다는 양질의 콘텐츠를 확보하는 게 먼저였고, 그것이 본연의 사업이었다. 서점이 좋은 책을 진열해야 매출을 올릴 수 있는 것과 마찬가지 원리였다. 불행하게도 북토피아의 경영진은 이 점을 놓쳤다.

파산 선고를 받았던 2010년 북토피아는 출판사에 지급하지 못한 저작권료가 수십억 원에 달했다. 회사 규모에 비해 부채도 감당하기 힘들 정도로 많았다. 수많은 전자책을 발간했지만 그것을 실제 수익으로 연결시키지 못한 결과였다. 그러다 보니 좋은 콘텐츠를 지속적으로 확보하지 못하는 악순환에 빠졌다. 사용자들은 점점 북토피아를 외면했다.

북토피아 경영진은 콘텐츠의 양과 질을 지속적으로 개선하고 이를 통해 매출과 이익을 올리는 데 주력했어야 했다. 그러나 회사의 겉모양만 그럴듯하게 꾸민 뒤 주식시장에 상장해 대박을 내려는 헛된 꿈을 꾸고 있었다. 결국 북토피아는 2011년 웅진 계열사로 넘어가면서 역사의 뒤안길로 사라졌다.

북토피아 경영진처럼 본질을 등한시하는 인간 속성을 쉬운 우화로 묘사했던 작가 중 한 사람이 중세 페르시아의 시인인 루미다. 그가 쓴 '개미가 아는 만큼'과 '사랑 노래'는 본래 의미를 망각한 사람들에게 잔잔한 울림을 준다. 먼저 '개미가 아는 만큼'이라는 우화다.

개미 A가 글을 쓰고 있는 펜을 피해 종종걸음을 치다 다른 개미 B를 만났다. A가 B에게 말했다.

"얼마나 놀라운가. 저 펜이 온갖 모양을 정원의 꽃처럼 빚어내는 것을 너도 봤어야 하는데."

B가 대답했다.

"온갖 모양을 빚어내는 것은 펜이 아니라 작가의 손가락이야. 펜은 그저 하나의 도구일 뿐이지. 네가 너무 흥분해서 그걸 보지 못했구나."

지나가던 개미 C가 말했다.

"남의 말을 엿들어서 미안하지만 나도 한마디 하자. 그 손가락이라는 게 말이야. 그게 팔이 없으면 아무것도 아니지. 그러니까 온갖 모양을 빚어내는 것은 손가락이 아니라 팔이야."

이때 개미 D도 나섰다.

"아니야 모두 틀렸어. 실은…"

이 토론은 끝없이 이어져 결국 살 만큼 살아서 모르는 것이 없는 늙은 왕개미에까지 미치게 되었다. 왕개미는 이들의 논란을 다 듣고 이렇게 말했다.

"펜이나 손가락, 팔, 어깨 같은 모든 것 너머에 작가의 마음과 정신이 있다. 너희는 몸에 걸친 옷에 대해서 말했을 뿐이야."

'사랑 노래'는 사랑의 본질을 알지 못한 젊은 남자의 이야기다. 그는 사랑하는 여인 앞에서 진정한 말로 사랑을 표현하지 못한다. 본질을 잊었기 때문이다. 내용은 이렇다.

망설이던 끝에 한 남자가 흠모하던 여인을 찾아갔다. 그는 여인 앞에서 길게 쓴 편지를 읽기 시작했다. 편지에는 여인에 대한 찬사와 그리운 사람을 만나지 못한 슬픔, 아픔이 가득 담겨 있었다. 그러나 여인은 곧 지루해져 말했다.

"지금 뭘 하고 있는 거예요? 내가 바로 당신 곁에 있는데 내게 보내는 편지를 읽고 있으니. 당신은 나를 사랑하는 것이 맞아요?"

그가 한숨을 쉬었다.

"내 마음을 모르는구려. 나는 당신의 향기로운 샘물을 음미하고 싶어요. 그 부드러운 맛과 감촉…."

여인이 소리 질렀다.

"그만두세요! 당신은 나를 사랑하는 것이 아니라 당신 사랑을 사랑하는 거예요. 현금을 든 내 곁에서 은행 잔고를 찬미하는 것과 다른 게 뭔가요?"

'현금을 들고 있는 사람 앞에서 은행 잔고를 자랑하는 사람'이라는 여인의 지적이 가슴을 울린다. 어떤 일을 하다 보면 그것의 원래 목적을 놓치고 수단과 방법에 대해서만 신경 쓰는 함정에 빠지곤 한다. 진정한 행복과 만족, 자기실현이라는 본래 가치를 망각하고 사회적 지위와 명성, 돈 같은 '삶의 수단' 또는 '겉치레'에 함몰돼 아까운 시간을 허비하는 사람들이 얼마나 많은가. 이를 사업에 적용하면 상품 본래의 기능과 품질에 집중하지 않고 마케팅이나 영업으로 매출을 올리려는 행위가 여기에 속한다. 바쁜 일상에서 수시로 자신을 돌아보며 기본으로 돌아가려는 노력이 필요한 이유다.

09 순리에 따라 성장하는 기업

　GE가 130년이 넘는 역사를 이어갈 수 있는 비결 중 하나는 시장의 요구에 맞춰 가장 필요한 제품과 서비스를 제공했기 때문이다. GE를 이끌고 있는 경영진들에게 GE가 장수기업이면서도 혁신기업으로 명성을 높인 요인을 물어보면 '변화에 대한 대응을 잘한 것이 비결'이라는 대답이 많다.

　"시장과 고객들의 요구는 정체돼 있는 법이 없습니다. 변화하는 게 순리지요. GE는 언제나 적극적으로 변화해 왔습니다. 새로운 아이디어를 내고 창조적인 무엇인가를 시도하면서 기존의 핵심 가치를 더욱 강화할 것인지, 혁신할 것은 없는지를 판단하죠. 그 기준은 시장과 시대의 흐름입니다. 그러다 보니 GE의 최고경영자(CEO)들은 모두 탐구심이 강하고 상황이 바뀔 때마다 위기에서 기회를 찾으려는 열정이 강했습니다."

GE코리아의 한 임원의 말이다. GE의 역사를 보면 그의 증언이 틀리지 않다는 것을 확인할 수 있다. 전기조명회사로 출발한 GE는 시대의 흐름에 따라 변신을 거듭해 지금은 발전과 군수, 의료 등 첨단 기술이 필요한 거의 모든 산업 분야를 주도하고 있다. 다양한 사업에 뛰어들다 보니 거대 조직이 됐지만 시장이 요구하는 기술을 개척하고 있다는 점에서 단지 외형을 키우려고 문어발식으로 확장하는 거대기업과는 차별성을 보인다.

기업도 생명체와 다르지 않다. GE와 같이 순리(順理)에 따라 성장하느냐 아니면 시대 흐름에 맞지 않게 무리하게 사업을 확장하느냐는 그 결과가 하늘과 땅 차이로 달라진다. 순리를 따르는 기업은 생명력을 길게 이어가며 장수기업 반열에 오르는 반면 과도한 탐욕으로 흐름을 거슬러 덩치를 키웠던 기업들의 종말은 별로 좋지 않았다. 이런 측면에서 순리 경영은 기업이 오랜 기간 생존하기 위한 필수 덕목이다.

순리의 중요성과 그 효과에 대해서는 중국 고전에 많이 나와 있다. 사마천은 《사기 열전》에서 손숙오라는 초나라 재상을 소개한다. 그는 '착한 관리(循吏)'이면서 '순리'에 충실했던 인물로 그려지고 있다. 그와 관련한 두 가지 일화는 순리 경영이 어떤 것인지 힌트를 준다.

어느 날 왕은 화폐 크기가 너무 작다고 생각해 백성과 관리들의 의견을 묻지도 않고 화폐 개혁을 단행했다. 더 크게 새로운 화폐를 만들라고 지시한 것이다.

그 결과는 대혼란이었다. 왕은 억지로 새 화폐를 쓰게 했지만 시장에서는 잘 융통되지 않았다. 물건을 사는 사람이나 상인들이 모두 불편해 했다. 이 소문을 듣고 손숙오는 직접 시장에 나가 현실을 파악했다. 그곳에서 그가 확인한 것은 '새 화폐는 순리에 맞지 않는다'는 사실이었다. 그는 왕에게 간곡하게 화폐 개혁을 철회할 것을 요청했다. 왕은 손숙오의 판단을 믿었기에 자신의 잘못을 인정하고 순리를 따르기로 했다.

수레의 높이를 자연스럽게 높인 일화도 유명하다.

왕은 "수레가 너무 낮아 말이 끌기 불편한데, 그것을 개선하는 방법이 없는지 강구해 보라"고 했다. 다른 관리 같았으면 수레 제작의 표준을 바꿔 억지로 백성들에게 그것을 지킬 것을 강요했을 것이다. 그러나 손숙오는 수레 높이를 직접 규제하지 않고 각 지방관에게 마을로 들어가는 문지방을 높일 것을 명했다.

이렇게 문지방을 높이자 수레 높이는 자연스럽게 높아졌다. 낮은 수레로 마을 문지방을 넘기 힘들어 사람들이 스스로 수레를 높였던 것이다.

이렇듯 억지로 무엇을 바꾸기보다 순리에 따라 자연스럽게 흘러가도록 하는 게 명재상인 손숙오의 능력이었다.

순리 경영의 결과는 어떤 모습일까? 이에 대해서는 《장자 양생주편》의 '포정해우'에 등장하는 '백정이 소 잡는 법을 터득하는 대목'에 잘 묘사돼 있다.

한 군주가 우연히 포정이라는 백정이 소 잡는 장면을 보게 됐다. 군주는 소를 잡을 때는 당연히 피가 튀고 지저분한 것들이 나올 줄 알았다. 그런데 포정의 소 잡는 모습은 아름다운 공연 예술로 보였고, 작업의 결과도 깔끔했다. 칼 소리는 경쾌했고, 칼이 지나간 자리는 가지런했다. 그러는 사이에 소 한 마리가 자연스럽게 고기와 뼈, 힘줄로 나눠지며 해체됐다. 보통 소 잡을 때 보이는 잔인함은 찾아 볼 수 없었다.

군주는 포정의 솜씨에 감탄하며 어떻게 소 잡는 기술이 예술적 경지에 이르렀는지 물어보았다. 포정은 대답했다.

"제가 좋아하는 것은 도(道)입니다. 단순한 기술이 아니죠.

처음 도살할 때는 소밖에 보이지 않았어요. 3년이 지나자 오직 눈으로만 소를 보는 단계를 넘게 됐습니다. 지금은 소를 잡을 때 정신으로 볼 뿐이지 눈으로 보지 않습니다. 눈의 감각이 멈추고 정신이 저절로 움직입니다. 칼은 소의 자연적인 결에 따라 가죽과 살, 뼈 사이 틈새로 비집고 들어갑니다. 소의 본 모습 그대로 칼이 따라가는 겁니다. 그러다 보니 뼈가 모이고 힘줄이 뭉친 곳을 건드리지 않고 무리하게 피를 튀기며 소를 잡을 필요가 없어진 것입니다."

순리 경영은 기존 사업에 안주하는 것은 아니다. 지나치게 보수적으로 기업을 이끄는 것 역시 순리를 거스르는 것일 수 있다. 변신해야 할 때 새 사업을 시도하고, 과도한 욕심을 버리고 기존 분야에 충실해야 할 시기에는 자중하는 게 바로 순리 경영이다.

포정의 칼이 갈 곳에 가고 멈출 부분에서 멈추는 모습을 상상해 보면 그 경지가 무엇인지 상상할 수 있을 것이다. 언제 멈추고 갈 것인지 그 기준은 물어볼 것도 없이 '시장과 고객의 요구, 시대의 흐름'이다.

10 핵심역량은 먼 곳에 있지 않다

'캥거루 장갑'으로 유명한 한영캥거루는 2000년대 들어 미국을 기회의 땅으로 보았다. 한국이 빈국에 속했던 1960년대 선보였던 캥거루 가죽 장갑은 상류층을 중심으로 선풍적 인기를 끌었다. 부(富)를 상징하는 고급 제품 대접을 받았다. 지금도 가죽 장갑 하면 '캥거루'를 가장 먼저 떠올리는 사람이 있을 정도다.

그러나 국민소득이 올라가며 가죽 장갑 역시 누구나 구입할 수 있는 범용품이 되고, 경쟁 제품들이 쏟아지면서 한영캥거루 경영은 한계에 직면했다. 1990년대 중반부터 골프 장갑을 비롯해 모자와 머플러 등 패션 액세서리로 품목을 다양화하고, 수출에도 나선 배경이다.

이 회사는 2004년 미끄럼 방지 골프장갑을 개발해 미국에서 특허를 땄다. 이를 계기로 수출 물량이 늘면서 미국은 회사 성장을 이끌 중심지로 부상했다. 바로 이때 한영캉가루 경영진은 욕심이 생겼다. 어차피 장갑과 패션 액세서리만으로는 덩치를 키우는 데 한계가 있다고 판단하고 시장이 큰 골프공 사업에 뛰어든 것이다.

"한영캉가루, 가죽 장갑에서 골프공 만들기로 변신!"

당시 언론은 이런 제목으로 한영캉가루의 신사업에 기대를 보였다. 이에 부응해 한영캉가루는 기존 골프공에 비해 더 많은 딤플을 넣어 방향성과 비거리를 늘리는 제품을 내놓기도 했다. 골프장들과 제휴한 마케팅도 활발하게 펼쳤다.

하지만 시장 반응은 싸늘했다. 골프장갑에서 어느 정도 성공을 거뒀기에 골프공 시장도 어렵지 않게 진입할 수 있을 것이라는 낙관은 빗나갔다. 골프장갑과 골프공은 전혀 다른 싸움터였다. 골퍼들이 골프공을 고르는 기준은 품질보다는 브랜드라는 사실을 간과한 게 패착이었다. 품질이 좋더라도 인지도가 떨어지면 골프공 시장에서 성공하기 힘들다.

이런 시장 특성 때문에 실패한 곳은 한영캉가루 한 곳이 아니다. 엎친 데 덮친 격으로 환율 관리를 잘못해 2008년 글로벌 금융위기가 왔을 때 큰 손실을 보기도 했다. 결국 한영캉가루는 골프공 사업을 접고 장갑 등의 패션 액세서리에 집중하기로 했다. 다시 주력 제품으로 돌아와 골프공의 실패를 전화위복으로 삼기로 한 것이다.

한영캉가루의 사례는 루미의 우화 '보물찾기'에 등장하는 바그다드 부자를 연상하게 만든다. 바로 앞에 있는 보물을 찾지 못해 멀리 헤매다는 줄거리다. 본업이었던 장갑과 패션 소품에 기회가 있는 것을 모르고 골프공이라는 미지의 세계를 떠돌다가 다시 돌아온 한영캉가루와 딱 맞아 떨어지는 내용이다.

바그다드에 큰 유산을 물려받아 부자였던 사람이 있었다. 그는 돈을 물 쓰듯이 해 무일푼이 됐다. 그는 신에게 기도했다.

"당신이 주신 모든 것이 없어졌습니다. 부탁합니다. 더 많은 재물을 주든지 아니면 제 목숨을 거둬 이 비참함에서 벗어나게 해 주세요."

그날 밤 그는 꿈에서 음성을 들었다.

"행운의 도시 카이로로 가거라."

그는 곧 길을 떠났다. 천신만고 끝에 목적지에 도착했다. 바그다드 부자는 배가 고파 구걸하고 싶었지만 창피해 그렇게 하지 못했다. 해가 저물고 밤이 됐는데도 그는 한 푼도 얻지 못했다. 그 무렵 카이로에는 도둑이 들끓어 비상이었다. 왕의 명령을 받고 경찰서장이 부하들에게 말했다.

"의심이 되는 자는 무조건 잡아들여라. 혐의가 입증되면 비록 내 친척이라도 머리를 잘라버려. 뇌물을 받고 풀어주는 자가 있으면 안 된다. 이 모든 상황을 끝내야 한다."

바그다드 부자는 거리를 헤매다 경찰에게 잡혔다. 경찰이 물었다.

"왜 거리를 서성거리고 있느냐. 여기서 뭘 하려고 했고, 누구하고 무엇을 모의했느냐?"

부자가 대답했다.

"난 도둑이 아니라 바그다드에서 온 사람이오."

그는 바그다드에서 카이로까지 온 연유를 자세하게 경찰에게 설명했다. 얘기를 다 듣고 나서 경찰은 말했다.

"네가 도둑이 아니라는 것은 알겠다만 넌 바보구나. 꿈 때문에 먼 길을 오다니. 그런 개꿈은 누구나 꾸는 것이다. 나도 비슷한 꿈을 꾼 적이 있다. 네가 온 바그다드로 가라는 것이었다. 꿈에서 비록 거리 이름까지 자세하고 생생하게 들었지만 나는 꿈을 믿지 않고 가지 않았지."

바그다드 부자는 경찰에게 거리 이름과 주소를 더 물었다. 그런데 놀라운 것은 그곳이 바로 그가 살았던 집이었다. 경찰은 이렇게 꿈 이야기를 마무리했다.

"바로 그 집 두 번째 방 마루 아래 보물이 숨겨져 있다는 것이다. 하지만 나는 여기서 한 발짝도 가지 않았다. 그런 엉터리 환상을 믿을 수는 없었지. 이제 풀어줄 테니 여기를 떠나라."

부자는 신에게 감사해 하며 혼자 중얼거렸다.

"신은 얼마나 지혜로운 분인가. 바보인 나를 정말 바보에게 보내셨으니. 내가 그토록 바라던 것이 바로 우리 집 마룻장 아래 있었구나. 하지만 나는 거기서 멀리 떠나지 않고서는 그것을 알 수 없었을 거야."

그는 즉시 집으로 돌아가 경찰이 말한 두 번째 방 마루 아래에서 보물을 찾아 다시 풍족한 삶을 살 수 있었다.

핵심 역량은 먼 곳에 있지 않을 가능성이 높다. 물론 그것의 진정한 가치를 알기 위해서는 어느 정도 시행착오가 있어야 할지도 모른다. 바그다드 부자처럼 헛수고를 하지 않으면 그것이 헛수고임을 알기 힘들기 때문이다.

11 협력업체의 이중적 태도 이해하기

대기업에 부품을 납품하는 중소 협력업체 사장들에게 어려운 점이 없냐는 질문을 하면 십중팔구 이런 푸념이 나온다.

"매년 납품가격 협상 때만 되면 죽겠습니다. 지금도 영업이익률이 2%가 안 되는데 원청업체는 또 가격을 낮추라고 압력을 넣습니다. 인건비와 원재료 값은 올라가는데 납품가격을 계속 낮추라고 하니 우리는 뭘 먹고 살아야 합니까? 정말 우리처럼 대기업과 거래하는 협력업체만큼 고달픈 곳을 없을 겁니다."

"그럼 이런 사실을 보도해 대기업의 부당한 납품가 인하 압력의 실태를 폭로하는 것이 좋지 않을까요?"

"그것은 안 됩니다. 특히 우리 사례가 기사로 나가면 큰일 납니다. 거래가 끊길 수도 있어요. 제 말은 그냥 참조만 하시고 제발 기사로는 쓰지 말아 주세요."

대기업에 납품하는 중소기업들은 이처럼 이중적인 태도를 보인다. 원하는 만큼 수익을 낼 수 없도록 쥐어짜는 대기업에 반감을 가지고 있으면서도 거래 중단을 통보할까 두려워 속마음을 드러내지 않으려고 한다. 대기업 의존도가 높은 곳일수록 이런 성향은 더 강하다. 그래서 언론과는 담을 쌓고 지내기 일쑤다.

사실 대기업과 중소협력사의 이런 관계는 냉엄한 현실이다. 협력사 경영자는 어쩔 수 없이 대기업 눈치를 봐야 한다. 대기업 결정이 회사 경영을 좌우하기 때문이다. 기업 간 거래에서 갑과 을의 관계가 성립될 수밖에 없다.

대기업에 대한 협력사의 태도는 본질적으로 주인을 섬기는 종의 행태와 많이 닮았다. 20세기 초 격동기 중국의 대표적인 사상가이자 문학가인 루쉰의 우화 '어떤 종과 똑똑한 이와 바보'는 이런 이중적 태도의 민낯을 그대로 보여준다.

어떤 종이 만나는 사람마다 고통을 호소했다. 그러던 어느 날 똑똑한 이를 만났다.

"저는 소나 말보다 못한 생활을 하고 있습니다. 굶기를 밥 먹듯이 하고 한 끼 식사조차 돼지나 개도 안 먹는 수수껍질로 때

위야 합니다. 주인은 일을 밤낮으로 시키며 쉴 틈을 주지 않아
요. 이른 아침엔 물 긷고 점심때는 장에 가고 저녁에는 밥 짓고
밤엔 맷돌질하고 맑은 날엔 빨래, 비 오는 날에는 우산 들어주
기… 이런 상태로는 정말 살 수가 없습니다. 달리 살 길을 찾아
야 해요. 하지만 달리 무슨 수가 있어야죠."

하소연을 듣던 똑똑한 이는 동정과 위로의 말을 해 주었다.

"당신에게 좋은 날이 꼭 오리라고 믿소."

"선생에게 위안을 받고 나니 마음이 한결 가벼워졌습니다. 그
러고 보면 하늘의 도리가 무너지지는 않는가 봅니다."

며칠 뒤 종은 다른 사람을 찾아가 호소했다.

"선생도 아시겠지만 제가 사는 곳은 돼지우리만도 못해요. 주
인은 저를 사람으로 여기지도 않아요. 자기 개한테는 몇만 배나
더 잘해주면서 사람인 저를 마구 무시하지요."

그러나 이번에 만난 사람은 똑똑한 이와 반응이 달랐다. 그는
종의 말을 듣자마자 "멍청한 놈 같으니라고" 하며 호통을 쳤다.
사실 이 사람은 바보였다. 그러나 종은 계속 자신의 딱한 처지
를 이어갔다.

"제가 사는 곳은 낡은 움막 같은 곳이지요. 습하고 음침한 데
다 빈대가 우글거리고 냄새도 심하답니다. 창문 하나도 없고."

"주인한테 창문 하나 내달라고 왜 말을 못해?"

"주인님께 어떻게 그런 말을 합니까?"

"나와 함께 가보자."

종은 바보를 자신의 집으로 안내했다. 집에 도착하자 바보는 종의 집 벽을 마구 파기 시작했다. 이 모습을 보고 놀란 종이 말했다.

"선생, 왜 이러십니까?"

"당신을 위해 구멍을 하나 내주려고 하는 거요."

"안 됩니다. 주인이 알면 큰일 납니다."

그래도 바보가 계속을 벽을 파자 종은 소리쳤다.

"이리 와보세요. 강도가 우리 집을 허물어요."

이에 다른 종들이 와서 바보를 쫓아버렸다. 종의 고함소리를 듣고 뒤늦게 도착한 주인은 무슨 일이냐고 물었다. 종은 대답했다.

"강도가 우리 집을 허물기에 제가 소리를 쳐 사람들을 불러 모아 쫓아냈습니다."

"잘했다."

이날 많은 사람들이 종을 위문했다. 그중에는 똑똑한 이도 있었다. 종은 그에게 말했다.

"이번엔 제가 잘했기 때문에 주인께서 저를 칭찬하셨습니다. 선생께서 꼭 좋은 날이 올 것이라고 하시더니 정말 선견지명이 있으신가 봐요."

"그렇고말고요."

똑똑한 이는 함께 기뻐해주듯 종에게 대답했다.

협력업체를 대기업의 종에 비유하는 것은 다소 지나친 면이 있다. 하지만 대기업 의존도에서 벗어나지 못하면 협력사는 본질적으로 종의 처지와 다를 바 없다.

이런 상황에서 협력업체 최고경영자가 선택할 수 있는 길은 두 가지다. 주인(대기업)의 부당한 대우(과도한 단가인하)를 감수하면서 그럭저럭 생존을 이어갈 것인가, 아니면 종의 신분에서 벗어나기 위해 위험을 무릅쓰고서라도 바보의 저항(독자적인 기술개발과 새로운 거래처 확보 노력)을 할 것인가.

물론 제3의 방법도 있다. 지금은 어쩔 수 없이 종노릇을 하지만 주인을 설득해 독립할 수 있는 기반을 마련하고 궁극적으로는 주인과 동등한 힘과 실력을 갖춘 존재로 성장하는 길이다. 매우 어려운 일이지만 그것을 이룬 기업도 없지 않으니 최종 목표는 높게 세워 놓는 것이 중요하다. 그것이 루쉰의 우화에 나온 종의 딜레마에서 벗어나는 길이기도 하다.

12 똑같은 사업은 양립할 수 없다

1994년 10월 제대로 된 최초의 인터넷 브라우저인 '넷스케이프 내비게이터'가 등장했을 때 일부 전문가들은 이 소프트웨어가 인터넷 세상을 완전히 바꿔놓을 뿐 아니라 상당 기간 경쟁자가 없을 것이라고 생각했다. 문자 중심의 정보 검색에서 화려한 그래픽을 더한 것이 사용자들을 열광하게 만들었다.

넷스케이프가 무료 배포되자마자 사용자는 수백만 명으로 늘었고 이듬해 이 회사가 주식시장에 상장됐을 때는 엄청난 투자자들이 몰리면서 개발자인 마크 앤드리슨과 대주주인 짐 클라크는 돈방석 위에 올랐다. 포털 사이트가 처음 등장했을 때 구글의 모습과 많이 닮았다고 보면 된다. 시장에서는 인터넷 브라우저가 곧 '넷스케이프 내비게이터'라는 공식이 성립돼 가고 있었다.

당시 넷스케이프의 성공을 주의 깊게 바라보던 사람이 있었다. 마이크로소프트를 창업해 PC시장에 새로운 국면을 열었던 빌 게이츠였다. 그는 인터넷 사용자가 급증하면서 넷스케이프 같은 브라우저를 소유하는 것은 필수라고 판단했다. 그에게는 넷스케이프를 수용해 마이크로소프트의 윈도OS(운용체계)에 넣을 것인가, 아니면 그것에 대항할 독자적인 웹브라우저를 개발한 뒤 강력한 마케팅으로 시장을 빼앗을 것인가 하는 선택만 남아 있었다.

당시 마이크로소프트가 준비하고 있던 제품은 '윈도95'였다. 빌 게이츠는 여기에 넷스케이프를 넣으려고 했다. 그는 넷스케이프 측과 접촉해 협상을 시도했다. 하지만 넷스케이프 경영진은 윈도 운영체계에 자신의 브라우저를 탑재하는 것에 적극적이지 않았다. 인터넷 세상에서는 마이크로소프트보다 넷스케이프가 더 주도권을 쥐고 있다고 생각했던 것이다.

마이크로소프트와 넷스케이프는 몇 개월간 협상을 이어갔지만 결론을 내리지 못했다. 넷스케이프는 웹브라우저 시장에 대한 지배권을 강조하며 마이크로소프트를 압박한 반면 마이크로소프트는 공존의 길을 모색해야 한다는 논리를 폈다. 양측의 주장은 평행선을 그렸다.

인터넷 세상을 잃기 싫었던 빌 게이츠는 웹브라우저 독자 개발로 방향을 선회했다. 그 결과 나온 것이 지금도 가장 많은 사람이 쓰고 있는 인터넷익스플로러(IE)다. 마이크로소프트는 '윈도95'를 출시하면서 그 속에 익스플로러를 탑재했다. 사용자들은 윈도를 쓰려면 어쩔 수 없이 익스플로러를 사용해야 했다.

'끼워 팔기'이 논란이 제기됐지만 시간이 흐르면서 웹브라우저 시장은 운영체계 안에 웹브라우저를 넣었던 마이크로소프트 쪽으로 기울었다. 결국 초기 인터넷 사용자를 열광하게 만들면서 화려하게 등장했던 넷스케이프는 점점 시장 점유율을 잃었고 결국 서비스가 중단되는 비극을 맞았다.

넷스케이프는 처음의 성공에 도취한 나머지 경쟁자의 무서움을 알지 못해 망한 사례에 속한다. 이처럼 경쟁자들이 서로 양립할 수 없을 때 어떤 결과가 벌어지는지 보여주는 우화가 있다. 현대 중국 작가인 마오둔이 쓴 '금잔화와 소나무'라는 이야기다.

봄이 되면 금잔화는 산과 들을 온통 황금빛으로 물들인다. 금잔화는 항상 다른 꽃이나 나무에 비해 형제자매가 많다며 스스로를 자랑했다. 금잔화 옆에는 애솔나무가 자라고 있었다. 둘은 함께 자라면서 서로 사이좋게 지냈다. 4월에 피어나 7월에 지는 금잔화는 해마다 자기가 입은 옷의 아름다움을 자랑했다. 혹한과 무더위를 견디며 1년을 지냈지만 한 치밖에 못 자란 애솔

나무를 보고 금잔화는 조롱했다.

"네 머리는 왜 그렇게 더부룩하니? 잡초 같은 푸른 침이 뭐가 곱다고 그래? 1년 사계절을 그 모양 그 꼴로 지내다니 어떻게 그럴 수 있니?"

애솔나무는 묵묵히 듣고만 있을 뿐 입을 열지 않았다. 몇 년이 지났다. 금잔화가 봄이면 피어나고 가을이면 시들기를 수없이 반복하는 동안 애솔나무는 어엿한 소나무로 자라 있었다. 둘은 여전히 이웃으로 지내고 있었지만 소나무만 껑충 자라 있었다. 어느 날 금잔화는 소나무를 올려다보며 말했다.

"이봐, 우린 오랫동안 함께 지냈지. 하지만 몇 년 사이에 자네가 부쩍 커지면서 빽빽하게 자란 잎으로 우리 머리를 덮는 바람에 우린 두터운 녹색 장막을 뒤집어 쓴 것처럼 돼 버렸단 말이야. 자네가 햇빛과 비와 이슬을 위에서 독차지하는 바람에 우린 몸에 절반도 닿지 않거든. 홀쭉하게 여위어 곧 죽게 될 꼴을 좀 보라고. 어떻게 대책을 좀 세워 봐."

소나무는 바람에 약간 떨 뿐 묵묵부답이었다. 화가 난 금잔화는 다시 채근했다.

"정말 그렇게 나오긴가? 세상 만물은 다 주인이 있다고 했어. 이 산에 자네 일가가 많은가, 아니면 우리 일가가 많은가 한번 잘 살펴봐. 산 위에나 아래나 우리 일가들이 쫙 깔려 있잖아. 자네는 이 산에 손님으로 온 것이고, 우리가 주인이야. 주인을 얕잡아 보지 말고 어서 다른 곳으로 가는 게 좋을 걸."

이 말에 소나무는 참을 수 없어 내려다보며 대답했다.

"이 산의 진짜 주인이 누군지 알게 뭐야. 어쨌든 피차 주인은 아니니까 그걸 구태여 따질 것도 없어. 내가 가로 막아 자네가 햇빛과 비와 이슬을 마음껏 못 받고 있다는 것도 알아. 그렇지만 난들 무슨 뾰족한 수가 있나. 내가 일부러 그러자고 한 것도 아니고 하느님이 그렇게 자리 잡아 놓은 것인데."

금잔화는 화가 나서 말했다.

"너는 참 뻔뻔스럽구나. 여러 말 하지 말고 빨리 자리를 옮기란 말이야."

이에 소나무가 대답했다.

"난 말이야. 뿌리가 깊이 박혀 있고, 몸이 무거운 데다 가지와 잎사귀가 많아서 움직이기가 여간 힘든 게 아니야. 정 못살겠으면 해마다 바뀌고 몸집도 작은 네가 옮겨가도록 해."

소나무의 쌀쌀한 말에 금잔화는 더 이상 말다툼을 한다 해도 소용이 없다는 것을 깨닫고 입을 다물었다. 이듬해 봄 금잔화는 그곳에 피지 않았다.

넷스케이프를 물리치고 한 동안 웹브라우저 시장을 지배했던 익스플로러도 도전을 받고 있다. 특히 전자상거래에 걸림돌이 되고 있는 액티브X(ActiveX)로 인해 배척받고 있다. 이와 더불어 구글 크롬처럼 익스플로러를 대체할 차세대 웹브라우저들이 끊임없이 진화하면서 익스플로러도 넷스케이프의 전철을 밟을 위기에 놓였다.

정글의 법칙에 따라 움직이는 비즈니스 세계에서는 자신의 능력이 뛰어나고 현재 우위에 있다고 자만해서는 안 된다. 특히 유사한 서비스나 제품들이 쏟아지고 있는 상황에서는 먼저 정확히 상황을 파악하고 제때 제대로 대응해야 생존할 수 있다.

13 불통은 경영자의 최고 악덕

최고경영자들은 대부분 '현장'을 중요하게 생각한다. 그들은 왜 현장으로 달려갈까? 여러 가지 이유가 있겠지만 가장 중요한 목적은 '현장 직원들과 소통하기 위해서'일 것이다.

2014년 3월 포스코 8대 회장으로 취임한 권오준 회장도 그랬다. 그는 취임하자마자 현장 직원들을 향해 귀를 열고 그들의 의견을 청취하려고 했다. 만사 제쳐놓고 대우인터내셔널을 비롯한 계열사를 방문했고, 포스코의 주요 고객인 조선업체들도 찾았다. 외국에 있는 제철소로 날아가 현지 임직원들을 만나 보고를 받고 자신의 경영 방침도 전했다. 압권은 포스코 수장으로는 처음으로 기업설명회에 모습을 보인 것이다. 그는 애널리스트들에게 직접 포스코의 비전에 대해 설명하고 의견을 들었다.

신세계 총수인 정용진 부회장은 신입사원들과 '공감토크'라는 행사를 열만큼 소통경영을 중시한다. 그는 소셜네트워크서비스(SNS)를 적극적으로 활용해 직원과 고객의 얘기를 들으려 하는 경영자로도 유명하다. 정 부회장은 한 강연에서 "현장에서 임직원들의 마음을 얻는 것이 경영자의 가장 중요한 책무"라고 강조하기도 했다.

이들 외에도 소통경영을 강조하는 기업가들을 꼽으려면 열 손가락을 헤아려도 모자랄 정도로 많다. 기업 경영에서도 그만큼 소통이 중요하다는 의미다.

'불통'이 어떤 결과를 초래하기에 이처럼 소통을 강조할까? 이 질문에 대해서는 어렵지 않게 대답할 수 있다. 경영자의 뜻이 현장에 전달되지 않으면 두 가지 방향에서 문제점이 생긴다.

우선 목표로 설정한 실적을 달성하기 힘들다. 직원들은 경영자의 의지를 잘 읽을 수 없기에 열심히 뛰지 않는다. 동기부여가 잘 되지 않기 때문이다. 최고경영자의 뜻이 정확하고 신속하게 전달돼야 직원들은 이를 방향타 삼아 움직이기 마련이다.

하지만 더 큰 문제는 소통이 안 되면 최고경영자의 비전과 직원들의 열정이 다른 쪽으로 갈 수 있다는 점이다. 모두 열심히 일하는데 이상하게 회사가 발전하지 않는다면 '불통'을 의심해 볼 필요가 있다. 비록 경영자가 선의를 가지고 있다 하더라도 소통이 원활하지 못하면 결과적으로 직원들에게 적지 않은 불편함과 어려움을 준다.

이런 불통의 어리석음을 그린 이야기 중 대표적인 게 이솝우화 '여우와 두루미'다. 여우가 생일을 맞아 두루미를 초대해 놓고서는 납작한 접시에 수프를 담아 대접했다. 결국 긴 부리를 가진 두루미는 조금도 먹지 못하고 마음만 상한다. 이후 이야기는 두루미가 악의를 가지고 복수하는 쪽으로 흘러간다. 상대의 입장을 전혀 고려하지 않는 불통은 이렇듯 최악의 결과를 낳기 십상이다. 크르일로프도 불통의 본질에 대한 우화를 썼다. '데미얀의 생선국'이란 짧은 이야기다.

데미얀은 이웃인 포까를 초청해 식사를 대접했다. 이 자리에서 포까가 말했다.

"배가 불러서요."

"한 그릇만 더 드세요. 생선국이 잘 끓여졌어요."

"벌써 세 그릇이나 비웠는걸요."

"그런가요? 왜 그릇까지 세시나요? 먹고 싶은 대로 드셔야죠. 건강을 위해 한 그릇 더 드세요. 먹고 힘을 내세요. 여기 물고기 내장과 철갑상어 고기도 맛을 좀 보세요. 여보, 여기에 음식 더 드려."

데미얀은 극진하게 포까를 대접했다. 그런데 포까는 벌써 땀을 비 오듯 흘리고 있었다. 그럼에도 한 그릇 더 받아 마지막 힘을 다해 먹기 시작했다. 데미얀이 다시 소리쳤다.

"이렇게 잘 드시니 내가 포까 씨를 좋아한다니까. 거만한 것들은 이 생선국을 참지 못하지. 한 그릇만 더 드시죠."

불쌍한 포까는 생선국을 좋아하지 않는데도 그렇게 고문을 받고 있었다. 포까는 갑자기 모자를 들고 자신의 집으로 돌아갔다. 그 이후로는 데미얀의 집에는 얼씬도 하지 않았다.

최고경영자들은 자신이 열심히 뛰면 회사가 좋아질 것이라고 착각한다. 그리고는 "나는 회사를 위해 최선을 다하는 데 왜 임직원들은 이렇게 게으를까"하는 의구심을 갖는다. 이런 생각이 쌓이다 보면 임직원들을 믿지 못하게 되고 양쪽 사이에는 큰 벽이 생긴다. 원활한 의사소통이 힘들어지는 단계에 접어든다. 임직원들과 대화를 하지 않고 일만 열심히 하다가 그만 '불통의 늪'에 빠지고 마는 것이다.

한 쪽의 의견만 집중적으로 청취하는 것도 '소통의 적'이다. 회사 안에 당파가 생기는 것만큼 위험한 일은 없다. 사사건건 두 파, 세 파로 나뉘어 의견 충돌이 일어난다면 급변하는 시장 환경에서 기업은 재빨리 움직이기 힘들다. 최고경영자는 파가 갈리지 않도록 두루 의견을 듣고 가급적 다수가 동의하는 결론을 도출할 필요가 있다. 이를 위해서는 평소 끊임없이 소통에 나서야 한다.

14 호환마마보다 무서운 책임회피

스티브 잡스나 이건희 회장처럼 완벽을 추구하는 경영자들이 있는가 하면 대충 일을 처리하다가 기업을 부실하게 만든 사례도 흔하다. 상당수의 공기업 사장과 무분별하게 돈을 끌어 쓰다가 망한 회사의 경영자들이 이런 유형에 속한다. 이들의 공통점은 임기 중에 드러나는 단기 실적에만 신경 쓰고 장기적인 계획이나 비전을 소홀히 한다는 것이다.

다시 말해 당장 성과가 드러나는 사업에는 혼신의 힘을 기울이면서도 5년, 10년 후 큰 결실을 맺을 수 있는 사안은 경시하는 것이다. 또 구조조정과 비용절감 같이 임직원의 희생을 강요하는 일은 자신의 인기에 나쁜 영향을 미칠까봐 꺼린다. 더 큰 문제는 치명적인 위험이 도사리고 있는데도 불구하고 대규모 투자를 무모하게 감행하는 잘못을 범한다는 것이다. 이명박 대통령 시절 석유공사와 가스공사 등 공기업의 부실한 해외 자원개발 사례가 대표적이다.

2014년 국정감사에서 여야 의원들이 지적한 바에 따르면 석유공사는 캐나다 에너지업체 하베스트를 졸속 인수했다. 그 당시 이 회사의 부채비율은 2,000%에 달했다. 그럼에도 경영권 프리미엄과 부채상환 조건을 달아 비싼 값에 사들였다. 석유공사는 하베스트 매입 이후 계속 고전하다가 정권이 바뀐 뒤 헐값에 매각해 엄청난 손해를 봤다고 여야 의원들은 지적했다.

가스공사 역시 비슷한 잘못을 범했다. 가스공사는 가스 가격 하락을 예상하지 못하고 공격적으로 해외 자원개발에 나섰다가 큰 손실을 본 것이 구설수에 올랐다. 하지만 이런 막대한 손해에 대해 책임을 지는 경영자는 없었다. 손실 이유에 대해서도 대부분 '그때는 현실적 여건 때문에 어쩔 수 없었다'는 변명을 늘어놓았다.

1조 3,000억 원의 사기성 기업어음(CP)을 발행한 혐의 등으로 징역 12년을 선고받은 현재현 동양그룹 회장도 결과적으로 자신이 만든 부실의 책임을 누군가에게 전가하려 했던 경영자라고 할 수 있다. 재판부 판결문에 따르면 이 회장은 CP를 발행할 때 이미

만기상환이 불가능하다는 사실을 인지하고 있었다. 그럼에도 동양그룹의 재무 사정을 은폐해 CP 매입자를 속였다는 것이다.

현 회장은 고(故) 이양구 동양그룹 회장의 큰 사위였다. 그는 1989년 이양구 회장 별세 후 그룹을 물려받았다. 경기고와 서울 법대를 나와 검사가 됐던 그는 그룹 총수가 되자마자 촉망받는 경영자가 될 것으로 기대를 모았다.

그러나 내실경영보다 덩치를 키우는 데 너무 많은 힘을 쓰다가 경기 침체 시기를 맞아 급격히 어려워졌다. 글로벌 금융위기는 그룹에 직격탄을 날렸다. 그 이후 인사 난맥상과 계속된 사업 판단 오류가 겹치면서 자금 사정이 악화됐고, 이를 만회하기 위해 급기야 사기성 CP 발행에 나서게 된 것으로 보인다. 위기에 몰리자 무책임한 행동을 선택한 것이다.

명나라 작가인 강영과가 쓴 '설도소설(雪濤小說)'에는 책임을 전가하는 인물을 풍자한 우화가 있다. 자신의 무능과 잘못을 남에게 전가하는 외과 의사가 주인공이다.

스스로 훌륭한 의사라고 자랑하는 사람이 있었다. 어느 날 전쟁터에서 화살을 맞아 거의 죽게 된 장수가 그를 급하게 찾아와 치료해 달라고 청했다. 그곳에 올 때까지 장수의 몸에는 화살이 꽂혀 있었다. 이를 확인한 의사는 자신 있게 말했다.

"이 정도 상처는 전혀 문제가 되지 않아요. 곧 고쳐 줄 테니 걱정하지 말고 기다리시오."

의사는 즉시 큰 가위를 꺼내 몸 밖에 나와 있는 화살을 싹둑 잘랐다.

"자, 이제 치료를 끝냈으니 가보시오."

의사는 가위를 챙긴 후에 물러나려고 했다. 어이없는 표정으로 장수가 따졌다.

"아니, 몸에 박힌 화살을 밖에서 자르는 것쯤이야 누군들 못하겠소? 어서 살 속에 있는 화살촉을 제거해야 할 것 아니오?"

그러자 의사가 고개를 저으며 대답했다.

"그것은 내과 의사가 알아서 할 일이지 내 영역이 아니오. 외과 의사인 내게 내과 치료를 요구하는 것은 무리지요."

기업이 부실해지는 이유는 매우 많다. 환율과 원자재 가격 변동, 시장의 흐름 변화와 신기술 개발, 천재지변 같은 불가항력적인 사고 등 열 손가락이 모자랄 정도다. 그럼에도 가장 중요한 원인은 최고경영자에게 있다. 그 밖의 요인은 종속 변수에 불과하다.

예를 들어 화재나 공장 침수 같은 불의의 사고가 일어나도 최고경영자가 위기 경영을 잘한다면 전화위복의 계기가 될 수 있다. 수요 급감이나 신기술로 인한 시장 변화도 경영자가 잘 대응하면 오히려 회사를 성장시키는 기회로 반전시킬 수 있다.

반면 경영자가 부실하고 무책임하면 아무리 여건이 좋고 자산이 많아도 회사가 기우는 것은 시간문제다. 수많은 기업의 2, 3세 경영자들이 준비가 안 된 상태로 경영권을 물려받아 결국 문을 닫게 만드는 사례가 얼마나 많았는가.

'설도소설'의 외과 의사처럼 어려운 일은 이런저런 핑계로 남에게 전가하고, 자신은 쉬운 일만 골라서 하려는 경영자는 기업을 제대로 이끌 수 없다. 언젠가는 그 무책임이 부메랑이 돼 돌아와 기업을 파탄으로 몰고 갈 것이기 때문이다.

15 불황을 극복하는 지혜

　2013년 11월 증권가에는 GS건설이 곧 부도날 것이라는 흉흉한 소문이 돌았다. GS건설 주가가 폭락하는 시점에서 퍼진 소식이라 정말 그렇게 될 가능성이 있다고 믿는 사람들도 적지 않았다. GS건설이 이 지경에 빠진 원인은 해외 저가수주 물량이 상대적으로 많았기 때문이다. 저가수주가 대규모 부실로 바뀌면서 실적 악화의 원흉이 된 것이다. GS뿐만 아니라 다른 건설사들도 저가수주로 궁지에 몰리기는 마찬가지였다.

　2014년 들어서는 현대중공업이 저가수주의 부메랑을 맞았다. 그해 2분기 1조 1,000억 원대 영업적자를 발표했는데, 몇 년 전 해양플랜트 분야에서 저가수주한 게 문제가 됐다.　흥미로운 점은 건설과 조선업체들이 저가수주에 나선 시점이 2008년 금융위기 직후였다는 사실이다. 당시 기업들의 당면 과제는 금융위기로 초래된 경기침체를 극복하는 일이었다. 해외 수주 물량에 눈을 돌린 이유다.

새로운 시장을 확보할 때 가장 쉬운 방법은 가격을 낮추는 것이다. 덤핑 수준의 가격으로도 적정 이익을 낼 수 있다면 이것만큼 좋은 것은 없다. 그러나 현실에서 이런 행운을 얻는 기업은 거의 없다. 우리가 가격을 낮추면 경쟁사들도 곧바로 값을 내리기 때문이다.

수요가 위축된 불황 시기에 가격경쟁은 더욱 치열해진다. 그러다 보면 손해를 보고 파는 비정상적 비즈니스의 함정에 빠진다. 기업은 반드시 이익을 내야 한다는 최소한의 생존 조건을 포기하게 되는 것이다.

물론 기업의 존재 이유에는 임직원들에게 일터를 보장할 의무도 있다. 당장 손실을 보더라도 공장을 돌리고 고용을 유지해야 하는 상황이 생긴다. 금융위기 이후 기업들이 저가수주의 유혹을 떨치지 못한 배경에는 분명 이런 사정이 있었을 것이다.

하지만 손실을 보는 기간이 감당할 수 없을 만큼 길어진다면 결국 회사가 문을 닫으면서 임직원들이 모두 직장을 잃는 최악의 상황에 직면한다. 상상만 해도 끔찍한 경우다. GS건설과 현대

중공업은 한 때 저가수주에 의존했다가 용기 있게 부실한 부분을 도려내고 방향을 돌린 사례에 속한다. 그나마 다행이었다.

가격 인하 같이 쉬운 방법을 찾다 보면 큰 탈이 나게 마련이다. 당장은 힘들지만 저가수주를 자제하고 구조조정이나 혁신 제품 또는 독창적인 서비스로 승부를 걸어야 한다. 조금 더딜지는 몰라도 부작용 없이 확실하게 효과를 볼 수 있는 방법이기 때문이다.

불황 경영과 관련해 지혜를 주는 식물이 있다. 선인장이다. 선인장은 절제의 미덕을 보여준다. 사막 같은 열악한 환경에서 버티기 위해 수분을 한 번에 많이 흡수하지 않는다. 아무리 많은 물이 있어도 적절한 양의 수분만을 섭취한다. 그렇게 하는 것이 생명을 오래 보존하면서 뜨겁고 메마른 날씨에도 꽃까지 피울 수 있는 비결이기 때문이다. 선인장의 이런 특징은 어려운 경영 환경에서 살아남는 방법을 암시한다.

정호승 시인이 쓴 '선인장 이야기'는 이런 주제를 잘 표현한 이야기다.

사막에 아들 선인장과 아버지 선인장이 살고 있었다. 아들 선인장은 척박한 사막에서 태어난 자신을 원망했다. 다른 식물과 같이 풍성한 잎과 꽃을 피우지 못하고 오직 가시투성이인 외모도 마음에 들지 않았다. 그러나 무엇보다도 하루 종일 내리 쪼이는 뜨거운 햇볕이 너무 싫었다. 항상 목이 마른 것도 견딜 수 없었다. 밤에도 목이 타 들어가는 것은 여전했다. 이런 것에 아들 선인장이 불평하자 아버지 선인장이 타일렀다.

"아들아, 조금만 참아라. 바로 네가 사막을 아름답게 할 수 있어. 네가 가지고 있는 가시에도 꽃이 필 테니."

아들 선인장은 아버지의 말에 동의하지 않았다. 그는 할 수만 있다면 태양을 없애고 시원한 물을 마음껏 먹기만을 기대하고 있었다.

그러던 어느 날 사막에 기다리고 기다리던 비가 퍼붓기 시작했다. 아들 선인장은 흠뻑 젖은 사막을 만끽하며 배가 가득 차도록 물을 빨아들였다. 더 이상 목이 말라 고통을 느끼지 싫었기에 몸 구석구석까지 물로 채웠다. 이 모습을 본 아버지 선인장이 걱정스런 표정으로 아들에게 말했다.

"애야, 물이 많다고 그렇게 한꺼번에 마시면 안 된다. 아무리 목이 말라도 욕심내지 말고 적당히 먹어야 한다. 그렇지 않으면 위험해. 목숨을 잃을 수도 있으니까."

그러나 아들 선인장은 아버지의 충고를 듣지 않았다. 그는 비가 내리는 동안 줄기와 가시 끝까지 흠뻑 젖을 정도로 온몸을 빗물로 가득 채웠다.

비가 그치고 바람이 불기 시작했다. 적당히 물을 섭취한 아버지 선인장은 바람을 견디며 뿌리를 박고 있었지만 아들 선인장은 달랐다. 빗물을 너무 먹어 몸이 무거워졌고, 그 몸무게를 이기지 못해 그만 뿌리를 드러낸 채 넘어지고 말았다. 쓰러져 생명을 잃어가는 아들 선인장은 배고픈 새들의 먹이가 되고 말았다.

선진국과 개발도상국을 가리지 않고 전 세계적으로 성장률이 낮아지면서 경제의 대빙하기가 올 것이라고 전망하는 전문가들이 많다. 상당기간 만성적인 불황에 시달릴 것이라는 얘기다. 이런 시기에는 한 번의 판단 실수가 큰 실패로 이어질 위험이 높다. 척박하고 어려운 상황에서 더 절제하며 뿌리를 튼튼하게 내리는 방법을 찾아야 한다. 저가수주 같이 당장 배가 불러도 곧 뒤탈이 나는 방법으로는 장기 불황을 넘어설 수 없다.

참고 문헌

《동방우화》 이명수 저, 지성문화사(1992)

《러시아의 지혜와 해학이 담긴 크르일로프 우화집》 이길주 편역, 배제대 출판부(2007)

《로마인 이야기-중세 유럽의 설교 예화집》 찰스 스완 편저, 장지연 역, 산지니(2014)

《루미의 우화 모음집》 루미 저, 아서 숄리 엮음, 이현주 역, 아침이슬(2010)

《사기 세가》 사마천 저, 정범진 외 역, 까치(1994)

《사기 열전》 사마천 저, 정범진 외 역, 까치(1999)

《사아디의 우화 정원》 사아디 저, 아서 숄리 엮음, 이현주 역, 아침이슬(2008)

《선과 악을 다루는 38가지 방법》 후안 마누엘 저, 김창민 외 편역, 예일출판사(2004)

《어른을 위한 이솝우화》 로버트 템플·올리비아 템플 저, 최인자·신현철 역, 문학세계사
(2009)

《인디언 우화》 수잔 펠트만 저, 이연화 역, 선영사(1998)

《탈무드》 박찬희 엮음, 꿈과 희망(2012)

《파라독스 중국 우화》 루쉰 외 22인 저, 이효렴 편역, 정신세계사(1992)

우화경영

초판 1쇄 2015년 3월 10일

지은이 장박원
펴낸이 전호림 **편집총괄** 고원상 **담당PD** 권병규 **펴낸곳** 매경출판(주)
등 록 2003년 4월 24일(No. 2 - 3759)
주 소 우)100 - 728 서울특별시 중구 퇴계로 190 (필동 1가) 매경미디어센터 9층
홈페이지 www.mkbook.co.kr
전 화 02)2000 - 2610(기획편집) 02)2000 - 2636(마케팅)
팩 스 02)2000 - 2609 **이메일** publish@mk.co.kr
인쇄 · 제본 (주)M - print 031)8071 - 0961

ISBN 979 - 11 - 5542 - 221 - 2(03320)
값 14,000원